AF450627

RÉPERTOIRE

INDICATIF-PORTEFEUILLE

D'ADRESSES COMMERCIALES ET RENSEIGNEMENTS UTILES

tels que

EMPIRE FRANÇAIS, MINISTÈRES, CORPS LÉGISLATIF, JUDICIAIRES,
RÉSIDENCES DIPLOMATIQUES, ADMINISTRATIONS,
DIRECTION GÉNÉRALE DES POSTES, MAIRIES ET JUSTICES DE PAIX,
AVOUÉS PRÈS LA COUR IMPÉRIALE DE PARIS, AVOUÉS DE PREMIÈRE INSTANCE,
TRIBUNAL DE COMMERCE,
NOTAIRES, HUISSIERS, AGENTS DE CHANGE, COURTIERS DE COMMERCE,
COMMISSAIRES DE POLICE, COMMISSIONNAIRES EN MARCHANDISES,
POSTE AUX CHEVAUX, DÉBITS DE PAPIER TIMBRÉ,
CONSERVATION DES HYPOTHÈQUES, PALAIS, MUSÉES, MONUMENTS,
BIBLIOTHÈQUES,
THÉÂTRES, BALS, CONCERTS, LIEUX DE RÉUNION,
CHEMINS DE FER, HÔTELS RECOMMANDÉS, VOITURES DE REMISE,
VOITURES DE PLACE, OMNIBUS, CERCLES,
RUES, PLACES, PASSAGES, CALENDRIER, ETC., ETC.

ADMINISTRATION:

rue Sainte-Apolline, 2,

PRÈS DES BOULEVARDS SAINT-DENIS ET DE SÉBASTOPOL.

COMMISSIONNAIRES DE PARIS.

A PARIS

CHEZ L'ÉDITEUR-PROPRIÉTAIRE

2, RUE SAINTE-APOLLINE, 2

et dans toutes les Librairies de France et de l'étranger.

1858

TABLE ALPHABÉTIQUE DES MATIÈRES

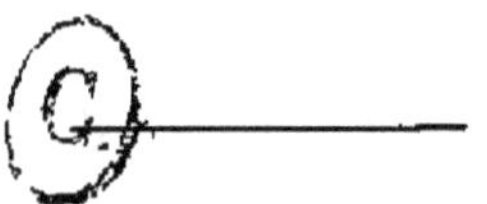

PARIS. — IMP. SIMON RAÇON ET COMP., RUE D'ERFURTH, 1.

EMPIRE FRANÇAIS.

NAPOLÉON III (CHARLES-LOUIS), Empereur des Français le 2 décembre 1852, né le 20 avril 1808, du mariage de LOUIS-NAPOLÉON, roi de Hollande et de Hortense-Eugénie ; marié le 29 janvier 1853, à

EUGÉNIE (MARIE) de GUSMAN, comtesse de TÉBA, Impératrice des Français, née le 5 mai 1826.

De ce mariage : NAPOLÉON (EUGÈNE-LOUIS-JEAN-JOSEPH), Prince impérial, né le 16 mars 1856.

JÉRÔME-NAPOLÉON, oncle de l'Empereur, né le 15 décembre 1784, roi de Westphalie du 1ᵉʳ décembre 1807 au 26 octobre 1813 ; marié à Frédérique-Catherine-Sophie-Dorothée, fille de feu Frédéric, roi de Wurtemberg, décédée le 28 novembre 1856.

De ce mariage : MATHILDE-LÆTITIA-WILHELMINE, née le 27 mai 1820, mariée en 1841, au prince Anatole DEMIDOFF DE SAN DONATO.

NAPOLÉON JOSEPH-CHARLES-PAUL, né le 9 septembre 1822.

MINISTÈRES.

Ministère d'État et de la maison de l'Empereur, au Louvre, place du Carrousel et rue de Rivoli, 192. Ouvert tous les jours de 10 h. du matin à 4 h. du soir.

Ministère des affaires étrangères, rue de l'Université, 130. Bureau des passe-ports et des légalisations, ouvert tous les jours de 11 h. du matin à 4 h. du soir.

Ministère de l'agriculture, du commerce et des travaux publics, rue St-Dominique St-Germain, 62 et 64. Le ministre reçoit les lundis, mercredis et vendredis, de 10 h. à 11 h. et demie du matin.

Ministère des finances, rue de Rivoli, 254. Les caisses et bureaux sont ouverts tous les jours de 10 h. du matin à 4 h. du soir.

Ministère de la guerre, rue St-Dominique St-Germain, 86, 88 et 90. Bureaux de l'enregistrement et des renseignements, ouverts au public tous les mercredis de 2 à 5 heures.

Ministère de l'instruction publique et des cultes, rue de Grenelle St-Germain, 110. Les chefs de division reçoivent le public les jeudis de 2 à 4 heures.

Ministère de l'intérieur, rue de Grenelle St-Germain, 101 et 103. Audiences publiques les jeudis de 2 à 4 heures, audiences des chefs de division, les mardis, jeudis et samedis de 2 à 4 heures.

Ministère de la justice, place Vendôme, 11 et 15; bureaux, rue de Luxembourg, 56. Audiences des directeurs, les vendredis de 3 à 5 heures. Bureau des légalisations ouvert tous les jours non fériés de midi à 2 heures.

Ministère de la marine et des colonies, rue Royale St-Honoré, 2. Bureaux ouverts au public les jeudis de 2 à 4 heures.

POUVOIRS LÉGISLATIFS.

Sénat, au palais du Luxembourg, rue de Vaugirard, 19.

Corps législatif, au palais Bourbon, rue de l'Université, 126 et 128.

Conseil d'État, rue de Lille, 62.

POUVOIRS JUDICIAIRES.

Cour de cassation, au palais de Justice.
Cour des comptes, rue de Lille, 62.
Cour impériale de Paris, au palais de Justice.
Tribunal de 1re instance, au palais de Justice.
Tribunal de commerce, place de la Bourse.
Conseils des prud'hommes, rue de la Douane, 12.
Chambre des avocats et des avoués, au palais de Justice.
Chambre des notaires, place du Châtelet.
Chambre des huissiers, rue Montmartre, 50.

RÉSIDENCES DIPLOMATIQUES.

Autriche, rue Grenelle-Saint-Germain, 87. De 1 à 3 h. Visa, 5 fr. Légalisation, 5 fr.
Bade, rue Joubert, 17. De 1 à 3 h. Visa français, 5 fr. Étrangers, prix divers.
Bavière, rue d'Aguesseau, 15. De 1 à 3 h. Visa gratis pour les étrangers. 5 fr. pour les Français.
Belgique, r. de la Pépinière, 97. De midi à 2 h. et demie. Visa, 5 fr.
Brésil, r. de la Pépinière, 106. De midi à 5 h. Visa gratis.
Chili, r. St-Lazare, 51. De 10 à 2 h. Visa, 5 fr. Légalisation, 10 fr.
Confédération argentine, rue St-Georges, 23. De 10 h. à 4 h. Visa, 5 fr.
Confédération germanique, rue Trudon, 6. De 10 à 2 h. Visa gratis.
Costa-Rica, place de la Bourse, 4. De 9 à 11 h. Visa gratis.
Danemark, rue de la Pépinière, 88. De 11 à 2 h. Visa gratis.

Deux-Siciles, rue de Lille, 78. De midi à 5 h. Visa, 2 fr. Légalisation, 5 fr.

Équateur, rue Drouot, 15. De 10 à 5 h. Visa gratis.

Espagne, quai d'Orsay, 25. De 1 à 5 h. Visa gratis.

États Romains, rue de l'Université, 69. De 11 à 1 h. Visa, 5 fr. Légalisation, 5 fr.

États-Unis d'Amérique, rue Beaujon, 15. De midi à 2 h. Visa gratis.

Grande-Bretagne, rue du Faubourg-Saint-Honoré, 39. De 11 à 2 h. Visa gratis.

Grèce, rue du Cirque, 20. De midi à 5 h. Visa gratis.

Guatemala, rue Neuve-des-Mathurins, 102. De midi à 1 h.

Haïti, place Vintimille, 4. De 11 à midi. Visa gratis.

Hanovre, rue de Penthièvre, 19. De midi à 2 h. Passe-ports français et autres, prix différents. Légalisation, 6 fr.

Hesse électorale, rue Jean-Goujon, 16. De 9 à 11 h. Visa, 5 fr.

Hesse grand-ducale, rue Grenelle-Saint-Germain, 112. De 11 à 2 h.

Honduras, r. d'Aumale, 19. De 10 h. à midi et de 4 à 6 h. Visa, 5 fr.

Mecklenbourg-Schwérin, faubourg Saint-Honoré, 168. Visa gratis. De 11 à 1 h., rue de la Madeleine, 29.

Mexique, rue Taitbout, 54. De 11 à 5 h. Visa français, 6 fr. ; étrangers, 10 fr. ; mexicains, gratis.

Pays-Bas, rue du Cirque. 2. De 11 à 1 h. Visa, 2 fr.

Portugal, rue d'Astorg, 12.

Prusse, rue de Lille, 78. De midi à 1 h. et demie. Visa français, 5 fr.

Russie, faubourg Saint-Honoré, 33. De midi à 2 h. Visa gratis.

San-Salvador, rue Aumale, 19. De 10 h. à midi et de 4 à 6 h. Visa, 5 fr.

Sardaigne, rue Saint-Dominique-Saint-Germain, 133. De 11 à 2 h. Visa de 1re classe, 4 fr. ; de 2e classe, 2 fr.

Saxe royale, faubourg Saint-Honoré, 170. De midi à 2 h. Visa français, 5 fr. ; étrangers, gratis.

Suède et Norvége, rue d'Anjou-Saint-Honoré, 74. Jusqu'à 2 h. Visa, 5 fr.

Suisse, rue des Champs-Élysées, 14. De 10 à 5 h. Visa pour les étrangers, 5 fr.

Toscane, rue Caumartin, 31. De midi à 2 h. Visa, 5 fr.

Turquie, rue Grenelle-Saint-Germain, 116. Bureaux, rue de la Victoire, 41.

Vénézuela, avenue Matignon, 15. De 11 à 2 h. Passe-ports, légalisation et autres, prix différents.

Wurtemberg, rue Tronchet, 2. De 11 à 1 h. Visa gratis.

ADMINISTRATIONS

Grande chancellerie de l'ordre impérial de la Légion d'Honneur, rue de Lille, 64. Le grand chancelier donne des audiences sur la demande qui lui en est faite par écrit. Les bureaux sont ouverts au public les lundis, mercredis et vendredis de 2 à 4 heures.

Direction générale des contributions directes, rue de Rivoli, 234.

Direction générale de l'enregistrement et des domaines, rue de Castiglione, 5.

Direction générale des douanes et des contributions indirectes, rue Mont-Thabor, 21.

Administration des forêts, rue de Luxembourg, 6.

Direction de l'enregistrement et du timbre, rue de la Banque, 11 et 13. Bureaux ouverts tous les jours non fériés de 9 à 4 h.

Direction des contributions directes et du cadastre, rue Poulletier, 9 (Île Saint-Louis). Bureaux ouverts tous les jours de 9 à 4 h.

Recette centrale des finances du département de la Seine, rue Neuve-des-Mathurins, 56. Bureaux ouverts au public de 9 à 3 heures.

Douane et entrepôts de Paris, rue de l'Entrepôt, 2.

Direction des contributions indirectes du département de la Seine, rue Duphot, 12. Bureaux ouverts au public de 9 à 4 heures.

Manufacture impériale des tabacs, quai d'Orsay, 63.

Armée de l'Est et 1re Division militaire, rue de Luxembourg, 28.

1re subdivision et place de Paris, place Vendôme, 7.

Intendance militaire, rue de Verneuil, 62.

Justice militaire, rue du Cherche-Midi, 37.

Gendarmerie départementale, rue et île St-Louis, 51.

Garde de Paris, quai de l'Horloge, 5.

Corps des sapeurs-pompiers, rue Chanoinesse, 8.

Garde nationale du département de la Seine, place Vendôme, 22.

Archevêché de Paris, rue Grenelle-St-Germain, 127.

Préfecture de la Seine, à l'Hôtel-de-Ville. Bureaux ouverts de 9 à 4 heures.

Préfecture de police, quai des Orfèvres, rue de Jérusalem, 7. Bureaux ouverts de 9 et demie à 4 heures. Le bureau de sûreté est ouvert jour et nuit.

Banque de France, rue de La Vrillière, 1 et 5. Les caisses ouvertes de 9 à 3 heures.

Caisse d'amortissement et des dépôts et consignations, rue de Lille, 2.

Comptoir d'escompte de Paris, rue Bergère, 14. Jours d'escompte, tous les jours non fériés.

Caisse d'épargne de Paris, rue Coq-Héron, 9. La caisse reçoit tous les dimanches et lundis depuis 1 fr. jusqu'à 500 fr. en dépôt.

Crédit foncier de France, rue Neuve-des-Capucines, 17 et 19.

Société générale de crédit mobilier, place Vendôme, 15.

Mont-de-Piété, chef-lieu rue de Paradis, 7, au Marais.

Chambre de commerce, au palais de la Bourse.

Direction municipale des nourrices, rue S¹⁰-Apolline, 18.

DIRECTION GENERALE DES POSTES
RUE J. J. ROUSSEAU, 9.
Service de Paris.
Bureaux d'arrondissement.

A, rue Tirechappe, 1.
    1ʳᵉ annexe, rue Saint-Louis, en l'Ile, 29.
    2ᵉ — à l'Hôtel-de-Ville.
    5ᵉ — rue de la Sainte-Chapelle, 15.

B, boulevard Beaumarchais, 95.
    1ʳᵉ annexe, rue Faubourg-Saint-Antoine, 196.
    2ᵉ — gare du chemin de fer de Lyon.

C, rue des Vieilles-Haudriettes, 4.
    1ʳᵉ annexe, rue d'Angoulême-du-Temple, 48.
    2ᵉ — rue Neuve-Bourg-L'Abbé, 4.
    5ᵉ — boulevard Saint-Martin, 6.

D, rue Sainte-Cécile, 2.
    1ʳᵉ annexe, rue du Faubourg-Saint-Martin, 160.
    2ᵉ — rue de Lafayette, 8.
    5ᵉ — à la gare du chemin de fer du Nord.

E, rue de Sèze, 24.
    1ʳᵉ annexe, rue de Chaillot, 5.
    2ᵉ — rue du Faubourg-Saint-Honoré, 75.

F, rue Saint-Dominique-Saint-Germain, 56.
    1ʳᵉ annexe, Petite Rue du Bac, 1.
    2ᵉ — rue Saint-Dominique (Gros-Caillou), 148.

G, rue de Seine-Saint-Germain, 13, et rue Mazarine, 12.

H, rue du Cardinal Lemoine, 28.
    1ʳᵉ annexe, rue Mouffetard, 175.

2e — rue des Noyers, 54.
5e — à la gare du chemin de fer d'Orléans.
J, place de la Bourse. 4.
Annexe, rue d'Antin, 19.
K, rue Bourdaloue, 5.
1re annexe, rue de Londres, 35.
2e — rue Saint-Nicolas-d'Antin, 8.
L, rue de Vaugirard, 19.
M, Corps Législatif.
N, rue de l'Echelle, 5.

Loi sur la Taxe des Lettres.

ARTICLE 1er. A dater du 1er juillet 1854, la taxe des lettres affranchies circulant à l'intérieur, de bureau à bureau, est réduite à vingt centimes par lettre simple. Les lettres non affranchies sont taxées à trente centimes.

Les lettres dont le poids excédera sept grammes et demi et qui ne pèseront pas plus de quinze grammes, seront taxées à quarante centimes si elles sont affranchies, et à soixante centimes si elles ne sont pas affranchies. Les lettres et paquets de papiers d'un poids excédant quinze grammes, et n'excédant pas cent grammes, sont taxés à quatre-vingts centimes en cas d'affranchissement, et à un franc vingt centimes en cas de non-affranchissement.

Les lettres ou paquets dont le poids dépassera cent grammes seront taxés à quatre-vingts centimes ou un franc vingt centimes par chaque cent grammes ou fraction de cent grammes excédant, selon qu'ils auront été ou qu'ils n'auront pas été affranchis.

Les lettres et paquets de et pour la Corse et l'Algérie sont soumis aux mêmes taxes.

Toute lettre revêtue d'un timbre insuffisant sera considérée comme non affranchie, et taxée comme telle, sauf déduction du prix du timbre.

Le ministre des finances est autorisé à émettre les nouveaux timbres-poste nécessaires pour l'affranchissement des correspondances.

ARTICLE 2. Le port des imprimés et journaux, des circulaires ou avis divers, imprimés, lithographiés ou autographiés, sous quelque forme qu'ils aient été expédiés sans affranchissement préalable, sera payé par l'expéditeur au prix du tarif des lettres, lorsque par une cause quelconque il n'aura pas été acquitté au point de destination.

En cas de refus de payement, l'acte de poursuite pour le recouvrement dudit port s'opérera par voie de contrainte décernée par le directeur du bureau expéditeur, visée et déclarée exécutoire par le juge de paix du canton.

ARTICLE 3. A l'avenir, les lettres chargées et les lettres recommandées ne formeront qu'une seule catégorie de lettres, sous le titre de LETTRES CHARGÉES.

Il sera perçu pour chaque lettre chargée une taxe fixe de vingt centimes, en sus du port réglé par les tarifs pour la lettre ordinaire.

L'affranchissement sera obligatoire.

Sont maintenues les autres dispositions de la loi du 5 nivôse an v concernant les lettres chargées.

Heures des Levées des Boîtes.

Il se fait tous les jours à 6 h. du matin, dans tous les bureaux et annexes, une levée supplémentaire. Les lettres provenant de cette levée sont comprises dans la première distribution ou dans le départ de 7 h. du matin.

1re De 7 h. 45 m. à 8 h. 50 m. matin aux boîtes de quartiers et bureaux d'arrondissement. — 8 h. 50 m. et 9 h. matin à l'hôtel des Postes.
5 h. m. en été et à 5 h. 30 en hiver, à l'hôtel des Postes, pour les dépêches supplémentaires.

2e De 9 h. 50 m. à 10 h. 15 m. matin aux boîtes de quartiers et bureaux d'arrondissement. — 10 h. 50 m. matin à l'hôtel des Postes.

3e De 11 h. 50 m. à 12 h. 15 m. matin aux boîtes de quartiers et bureaux d'arrondissement. — Midi 50 m. hôtel des Postes.

4e De 1 h. 30 m. à 2 h. 15 m. soir aux boîtes de quartiers et bureaux d'arrondissement. — 2 h. 50 m. hôtel des Postes.

5e De 3 h. 50 m. à 4 h. 15 m. soir aux boîtes de quartiers et bureaux d'arrondissement.—4 h. 50 soir, hôtel des Postes.
Levée spéciale pour les départements et l'étranger.
5 h. Hôtel des Postes, Bourse, Corps Législatif, Sénat. — 5 h. 50 m. pour les lettres affranchies, hôtel des Postes.

6e De 5 h. à 5 h. 45 m. aux boîtes de quartiers et bureaux d'arrondissement. — 6 h. soir, hôtel des Postes.

7e De 9 h. à 9 h. 45 soir aux boîtes de quartiers et bureaux d'arrondissement. — 9 h. 45 m. soir, hôtel des Postes.

Heures des Distributions.

1re à 7 h. 50 m. matin, pour les lettres de Paris, des départements et de l'étranger.

2e à 9 h. » m. matin, pour les lettres de Paris et du 2e courrier d'Angleterre.

3e à 11 h. 50 m. matin, pour les lettres de Paris et des courriers supplémentaires.

4° à 1 h. 30 m. soir.
5° à 5 h. 30 m. soir.   } Pour les lettres de Paris.
6° à 5 h. 30 m. soir.   } Pour les lettres de Paris et des cour-
7° à 7 h. du soir.   } riers supplémentaires.

Les dimanches et jours fériés la 7° levée des boîtes ainsi que la 6° et la 7° distribution n'ont pas lieu.

La 6° levée est faite de 5 à 5 h. 45 m. du soir aux boîtes et aux bureaux d'ar-rondissement. — A l'hôtel des Postes à 6 h. du soir. } Pour la première distri-bution du lendemain et la première expédition des dépêches supplémentaires.

Les lettres pour Paris, arrivées par les courriers de 5 h. du soir les dimanches et jours fériés ne sont distribuées que le lendemain.

ARTICLES D'ARGENT.—Les articles d'argent sont reçus et payés tous les jours dans les bureaux d'arrondissement de 8 h. du m. à 8 h. du soir, à l'hôtel des Postes de 9 h. du m. à 4 h. du soir, les jours fériés jusqu'à 2 h.

N. B. On trouve des timbres-poste pour l'affranchissement chez tous les boîtiers, débitants de tabac et cartes à jouer.

Expéditions du Soir.

La levée des lettres pour les départements et l'étranger a lieu :

Dans les boîtes de quartier, à	5 h. soir.
Dans les boîtes des bureaux d'arrondissement supplémentaires, à	5 h. 30 m. s.
Dans les boîtes des bureaux d'arrondissement principaux, à	6 h. soir.
Dans les boîtes de l'hôtel des Postes, à	6 h. soir.

Lettres de et pour la Banlieue de Paris.

A dater du 1ᵉʳ juillet 1854, la taxe des lettres adressées de Paris aux bureaux de poste ci-dessus dénommés et *vice versa* est réduite à dix centimes pour les lettres affranchies et à quinze centimes pour les lettres non affranchies.

Bureaux compris dans la réduction de la Taxe.

Auteuil. Batignolles. Belleville-lez-Paris. Bercy. La Chapelle-Saint-Denis. Charonne. Grenelle. Ivry-sur-Seine. La Maison Blanche. Montmartre. Montrouge. Passy-lez-Paris. Saint-Mandé. Les Ternes. Vaugirard. La Villette.

MAIRIES ET JUSTICES DE PAIX.

1ᵉʳ ARRONDISSEMENT, rue d'Anjou-Saint-Honoré, 11.
2° — rue Drouot, 6.

3ᵉ ARRONDISSEMENT, rue de la Banque, 8.
4ᵉ   —   rue Boucher, 6.
5ᵉ   —   faubourg Saint-Martin, 72.
6ᵉ   —   rue Vendôme, 11.
7ᵉ   —   rue Sainte-Croix-de-la-Bretonnerie, 20.
8ᵉ   —   place Royale, 12 et 14.
9ᵉ   —   rue Geoffroy-Lasnier, 23.
10ᵉ   —   rue Grenelle-Saint-Germain, 7.
11ᵉ   —   place Saint-Sulpice.
12ᵉ   —   place du Panthéon.

AVOUÉS PRÈS LA COUR IMPÉRIALE.

ARNOULT, rue Monsigny, 9.
BAILLY, rue de Hanovre, 8.
BAUDOUIN, rue Bertin-Poirée, 2.
BEAUMÉ, rue Sᵗᵉ-Anne, 46.
BELHOMME, rue Tirechappe, 4.
BELLIVET, rue Chabannais, 6.
BERNHEIM, rue du Marché-Sᵗ-Honoré, 11.
BILLAULT, rue Mont-Thabor, 4.
CABANNES, rue Bergère, 11.
CARON aîné, rue Sᵗ-Roch, 5.
CHABRIÉ, rue du Helder, 14.
CHARPENTIER, rue de Choiseul, 16.
CHAUVELOT, rue Neuve-des-Petits-Champs, 18.
CHENUT, place Boïeldieu, 3.
COLMET DE SANTERRE, rue Fontaine-Molière, 33.
DANGIN, r. des Bons-Enfants, 30.
DAVID, rue Michodière, 21.
DEFONTAINE, rue Geoffroy-Marie, 2.
DELAINE, rue des Grands-Augustins, 19.
DEROULÈDE, rue Neuve-des-Petits-Champs, 53.
DESGAULT, rue Michodière, 4.
DESMAREST, rue de Rivoli, 69.
DRELON, rue Guénégaud, 27.
DUNOYER, rue Neuve-des-Petits-Champs, 83.
FERRON, r. du Petit-Carreau. 14.
FOMUELLE, rue Hauteville, 52.
GALLOIS, r. des Bourdonnais, 31.
GAVIGNOT, r. de l'Arbre-Sec, 22.
GIBOT, rue Favart, 4.
GRISON, rue Sᵗ-Honoré, 338.

GUERIN, rue de Rivoli, 126.
GUILLAIN, rue Sᵗᵉ-Anne, 27.
HOUDARD, rue Richelieu, 27.
HUARD, rue Sᵗᵉ-Anne, 53.
LABOIS, rue Guénégaud, 21.
LAFFON, rue Sᵗ-Honoré, 108.
LAMAILLE, rue de la Jussienne, 13.
LAUREAU, rue du Vieux-Colombier, 3.
LE-HELLOCO, rue Neuve-Sᵗ-Augustin, 60.
LEHURE, rue Montmartre, 13.
LESAGE, rue de Rivoli, 196.
LEVAUX, place Louvois, 8.
MARAIS, rue du 29 Juillet, 10.
MAUCOURT, rue Mazarine, 32.
MAVRÉ, rue de la Monnaie, 5.
MOREAU, rue Sᵗ-Honoré, 370.
NAUDOT, rue Sᵗ-Anne, 49.
PARMENTIER, rue Michodière, 6.
PEIGNÉ, rue de Rivoli, 124.
PERRIN, rue Laffitte, 5.
PERROT, rue Sourdière, 31.
POCHET, rue Sᵗ-Honoré, 189.
POULLET-DUCHESNE, rue Sᵗ-Honoré, 231.
QUIGUARD, rue Neuve-des-Petits-Champs, 47.
ROBERT, rue Neuve-des-Petits-Champs, 31.
ROGER, passage des Petits-Pères, 1.
SPICRENAEL, rue Gaillon, 16.
TAPON-CHOLLET, rue Montmartre, 105.
TÉTART, rue Sᵗᵉ-Anne, 57.
VIAULT, boulev. de Sébastopol, 11.

AVOUÉS DE PREMIÈRE INSTANCE.

Adam, rue de Rivoli, 110.
Archambault-Guyot, rue de la Monnaie, 10.
Audouin, rue Choiseul, 2.
Aviat, rue Rougemont, 6.
Bassot, boulevard St-Denis, 28.
Baulant, rue St-Fiacre, 20.
Belland, r. du Pont-de-Lodi, 5.
Benoist, rue St-Antoine, 110 *bis*.
Bertinot, rue Vivienne, 10.
Berton, rue de Grammont, 11.
Billault, rue du Marché-St-Honoré, 3.
Binet, faubourg Montmartre, 31.
Flachez, rue de Hanovre, 4.
Bochet, rue Thévenot, 16.
Boinot, rue Ménars, 14.
Bonnel de Longchamp, rue de l'Arbre-Sec, 48.
Bottet, rue du Helder, 12.
Bouchen, rue Neuve-des-Petits-Champs, 95.
Boudin, rue de la Corderie-St-Honoré, 4.
Boutet, rue Gaillon, 20.
Brémard, rue Louis-le-Grand, 25.
Bricon, rue de Rivoli, 122.
Brochot, rue Neuve-St-Augustin, 60.
Bujon, rue Hauteville, 21.
Burdin, quai des Grands-Augustins, 25.
Bureau du Colombier, rue Neuve-des-Petits-Champs, 36.
Callou, boulevard St-Denis, 22.
Caron, rue Richelieu, 45.
Cartier, rue Rivoli, 81.
Castaignet, rue Louis-le-Grand, 28.
Cesselin, rue des Jeûneurs, 35.
Chagot, faub. Poissonnière, 8.
Chauveau, rue Rivoli, 84.
Cheron, rue St-Hyacinthe-St-Honoré, 4.
Comartin jeune, rue Bergère, 18.
Corpel, rue du Helder, 17.
Cottreau, rue et carrefour Gaillon, 25.
Coulon, rue Montmartre, 35.

Courbec, r. de la Michodière, 21.
Cullerier, rue Harlay-du-Palais, 20.
David, rue Gaillon, 14.
De Benazé, r. Louis-le-Grand, 7.
De Brotonne, rue Ste-Anne, 23.
Dechambre, rue Choiseul, 1.
Delacourtie, r. de Provence, 65.
Delafosse, rue Neuve-des-Petits-Champs, 79.
Delessard, place Dauphine, 12.
Delorme, rue Richelieu, 85.
Denormandie, r. du Sentier, 24.
Dervaux, rue Neuve-St-Merri, 19.
Des Etangs, rue Montmartre, 131.
Desgranges, rue de la Michodière, 20.
Devant, rue de la Monnaie, 9.
Devaux, rue de Grammont, 28.
Dinet, rue Louis-le-Grand, 21.
Dromery, rue de Mulhouse, 9.
Dubois, rue des Fossés-St-Germain-l'Auxerrois, 24.
Dufay, rue Vivienne, 12.
Dufourmantelle, rue Neuve-St-Augustin, 33.
Duval, boulevard St-Martin, 18.
Dyvrande aîné, rue Favart, 8.
Estienne, rue Ste-Anne, 54.
Fouret, rue Ste-Anne, 51.
Foussier, rue de Cléry, 15.
Floc, rue de Grammont, 19.
Frogeu de Mauny, rue Richelieu, 92.
Gamard, rue Notre-Dame-des-Victoires, 52.
Gaullier, rue Mont-Thabor, 12.
Girauld, rue des Deux-Ecus, 15.
Giry, rue Richelieu, 15.
Guedon, boul. Poissonnière, 25.
Guibet, rue de Grammont, 7.
Guidou, rue Neuve-des-Petits-Champs, 66.
Guyot-Sionnest, rue de Grammont, 14.
Hardy, r. Neuve-St-Augustin, 10.
Henriet, rue Neuve-des-Petits-Champs, 47.
Herbet, rue Ste-Anne, 46.

HERVEL, rue d'Alger, 9.
HUET, rue de Louvois, 2.
Iooss, rue du Bouloi, 4.
JACQUIN, rue des Lavandières-Ste-Opportune, 10.
JOLLY, rue Favart, 6.
KIEFFER, rue Christine, 5.
LABBÉ, rue Neuve-St-Augustin, 6.
LABOISSIÈRE, rue du Sentier, 29.
LACOMME, rue Neuve-des-Petits-Champs, 60.
LACROIX, rue Choiseul, 21.
LADEN, rue Ste-Anne, 25.
LA PERCHE, rue Ste-Anne, 48.
LAUBANIE, rue Ste-Anne, 55.
LAURENS-RABIER, rue de Rivoli, 118.
LAVAUX, r. Neuve-St-Augustin, 24.
LE FAURE, rue Neuve-des-Petits-Champs, 76.
LEFÉBURE, DE SAINT-MAUR, rue Neuve-St-Eustache, 45.
LEFÈVRE, place des Victoires, 5.
LEGRAND, r. de Luxembourg, 45.
LENAT, rue Chabannais, 4.
LESAGE, rue Drouot, 14.
LESCOT, rue de la Sourdière, 19.
LEVAUX, rue des Sts-Pères, 7.
LÉVESQUE, rue Neuve-des-Bons-Enfants, 1.
LORGET, rue St-Honoré, 362.
LOUVEAU, rue Gaillon, 15.
MAES, rue de Grammont, 12.
MARCHAND, rue Ste-Anne, 18.
MARIN, rue Richelieu, 60.
MARQUIS, rue Gaillon, 11.
MARTIN DU GARD, r. Ste-Anne, 65.
MASSARD, rue Ste-Anne, 57.
MESTAYER, rue des Moulins, 10.
MEURET, rue Bergère, 25.
MEYNARD, rue Montmartre, 105
MIGEON, r. des Bons-Enfants, 21.
MOREAU (Ernest), pl. Royale, 21.

MOREAU (Oscar), rue Laffitte, 7.
MORIN, rue Richelieu, 102.
MOTHERON, rue du Temple, 71.
MOTILLEFARINE, rue du Sentier, 8.
MOULLIN, rue Bonaparte, 8.
PARMENTIER, rue Hauteville, 1.
PAUL, rue de Choiseul, 6.
PERONNE, rue Bourbon-Villeneuve, 55.
PETIT-BERGONZ, rue Neuve-St-Augustin, 51.
PETIT-DEXMIER, rue du Hasard, 1.
PETTIT, rue Montmartre, 129.
PICARD aîné, rue de Grammont, 25.
PIERRET, rue de la Monnaie, 11.
POSTEL, rue Neuve-des-Petits-Champs, 61.
POSTEL-DUBOIS, rue Neuve-des-Capucines, 8.
POUPINEL, rue de Cléry, 5.
PRÉVOT, quai des Orfévres, 18.
PROTAT, rue Richelieu, 27.
PROVENT, rue de Seine, 54.
QUATREMÈRE, rue du 29 Juillet, 5.
QUILLET, rue Neuve-des-Petits-Champs, 83.
RACINET, rue Pavée-St-André, 14.
RAMOND DE LA CROISETTE, avenue Victoria, 9.
RASETTI, rue de la Michodière, 2.
RICHARD, rue des Jeûneurs, 42.
ROBERT, rue Bergère, 21.
ROCHE, boul. Beaumarchais, 6.
ROUSSELET, rue Poissonnière, 18.
SAINT-AMAND, place des Petits-Pères, 2.
SIBIRE, rue St-Honoré, 189.
THOMAS, rue St-Honoré, 191.
TISSIER, rue Rameau, 4.
TIXIER, rue St-Honoré, 288.
VALDRAY, rue Ste-Anne, 18.
VIGIER, quai Voltaire, 17.
WARNER, rue de Rivoli, 132.

TRIBUNAL DE COMMERCE.

PRÉSIDENT : M. GEORGES, rue Pigalle, 17.

Juges :

LANGLOIS, rue des Mathurins-St-Jacques, 10.

LEVY (F.), rue de la Roquette, 58
GODARD, rue de Cléry, 40.
BAPST, rue Neuve-des-Petits-Champs, 87.

DENIÈRE fils, rue Charlot, 9.
DOBELIN, rue Hauteville, 21.
ROULHAC, rue des Lavandières-
Ste-Opportune, 10.
LARENAUDIÈRE, rue de Rivoli, 62.
LOUVET, rue de Cléry, 25.
TRÉLON, rue Rougemont, 12.

Juges suppléants :

MOTTET, rue Hauteville, 23.
CAILLEBOTTE, rue du Faubourg-
St-Denis, 152.
GAILLARD, place St-Georges, 28.
DROUIN, rue Ste-Croix-de-la-Bre-
tonnerie, 21.
PAYEN, rue de Cléry, 9.
TRUELLE, rue de la Ferme-des-
Mathurins, 34 *bis*.
BLANC, rue Hauteville, 25.
DUMONT, rue Vivienne, 41.
LEFÉBURE, rue Neuve-St-Eusta-
che, 15.
DUCHÉ, cité Turgot, 5.
LEBAIGUE, r. de l'Université, 127.
MASSON, place de l'Ecole de mé-
decine, 17.
GERVAIS, rue de la Chaussée-
d'Antin, 64.
SAUVAGE, rue d'Aumale, 6.
BAUDEUF, quai de Béthune, 24.
D'HOSTEL, rue St-Denis, 352.

Greffier en chef :

LANTOINE, rue de Provence, 14.

Commis-gréf. assermentés :

LEVASSEUR, rue de Ponthieu, 22.
POIDEVIN, boulevard Pigalle, 40.
BARBIER, rue St-Louis, 21, à
Batignolles.
DANIEL, rue Olivier, 4.
LEFORT, r. des Marais-St-Mart., 80.
BASTARD, rue Muller, 1, à Mont-
martre.

Secrétaire de la présidence :

CAMBERLIN, aven. de Neuilly, 127.

Huissiers audienciers :

DEVAUX, rue Notre-Dame-de-
Nazareth, 9.
DUMANT, rue Pagevin, 4.
NITOT, rue St-Lazare, 3.
DESCHAMPS, rue de Trévise, 44.

Agréés :

BERTERA, rue des Jeûneurs, 42.
BORDEAUX (doyen), rue Notre-
Dame-des-Victoires, 42.
CARDOZO, rue Vivienne, 34.
DELEUZE, rue Montmartre, 146.
DILLAIS, rue Ménars, 12.
FRÉVILLE, place Boïeldieu, 3.
FROMENT, place de la Bourse, 15.
HALPHEN, rue Croix-des-Petits-
Champs, 38.
HÈVRE, r. Neuve-St-Augustin, 11.
JAMETEL, rue Laffitte, 7.
PETITJEAN, rue Rossini, 2.
PRUNIER-QUATREMÈRE, rue Mont-
martre, 72.
REY, rue Croix-des-Petits-
Champs, 25.
SCHAYÉ, faubourg Montmartre, 10.
TOURNADRE, boulevard Poisson-
nière, 23.

Gardes du Commerce :

AUDOUX, rue Beaujolais-Palais-
Royal, 11.
BOUXHIOL, rue de Bondy, 22.
CHENET jeune, rue Grenelle-S^t-
Honoré, 19.
DE BROISSIN, boulevard du Tem-
ple, 42.
ENCELAIN, rue de la Monnaie, 24.
LEROUX, rue Guénégaud, 23.
LESPART, rue du Caire, 35.
MOREAU (doyen), rue Maucon-
seil, 15.
PERRIN, rue Neuve-Saint-Mer-
ri, 19.

NOTAIRES.

Aclocque, rue Montmartre, 146.
Ancot, rue St-Martin, 88.
Aubry, boul. des Italiens, 27.
Aumont-Thiéville, boulevard St-Denis, 19.
Bacquoy-Guédon, rue St-Antoine, 214.
Barre, boul. des Capucines, 9.
Baudier, rue Caumartin, 29.
Bazin, rue Ménars, 8.
Beau, rue St-Fiacre, 20.
Beaufeu, rue Ste-Anne, 51.
Berceon, rue St-Honoré, 346.
Berge, rue St-Martin, 335.
Bertrand, rue J.-J.-Rousseau, 1.
Bertrand-Maillefer, rue du Havre, 10.
Boissel, rue St-Lazare, 95.
Boudin-Devesvres, rue Montmartre, 131.
Bournet-Veron, r. St-Honoré, 83.
Brun, place Boïeldieu, 3.
Carré, place des Petits-Pères, 9.
Chandru, rue St-Denis, 45.
Chardon, r. St-Honoré, 175.
Charlot, r. de la Chaussée-d'Antin, 12.
Chatelain, rue Croix-des-Petits-champs, 25.
Clairet, r. Louis-le-Grand, 28.
Colmet, rue Montmartre, 18.
Cottin, boul. St-Martin, 19.
Courot, rue de Cléry, 5.
Cousin, quai Voltaire, 17.
Crosse, rue Grenelle-Saint-Honoré, 14.
Daguin, r. de la Chaussée-d'Antin, 56.
Defresne, r. de l'Université, 8.
Delahaye, faubourg Poissonnière, 35.
Delaloge, r. Grenelle-Saint-Honoré, 19.
Delapalme (Jules), rue Neuve-Saint-Augustin, 5.
Delapalme (Alfred), rue Castiglione, 10.
Delaporte, rue de la Chaussée-d'Antin, 68.

Demadre, r. Saint-Antoine, 205.
Demanche, rue de Condé, 5.
Demonts, pl. de la Concorde, 8.
Descours, rue de Provence, 1.
Desforges, rue Hauteville, 1.
Desprez, r. des Saints-Pères, 15.
Dreux, rue Louis-le-Grand, 7.
Dubois, r. Grange-Batelière, 16.
Ducloux, rue Ménars, 12.
Dufour, pl. de la Bourse, 15.
Dumas, boulevard Bonne-Nouvelle, 8.
Dupont, r. du Marché-Saint-Honoré, 11.
Durant, rue Saint-Honoré, 352.
Du Rousset, rue Jacob, 48.
Duval, rue du Faubourg-Montmartre, 52.
Faure, rue Thévenot, 14.
Faiseau-Lavanne, r. Vivienne, 55.
Foucher, r. de Provence, 56.
Fould, rue St-Marc-Feydeau, 24.
Fourchy, quai Malaquais, 3.
Fovard, rue Gaillon, 20.
Frémyn, rue de Lille, 11.
Galin, rue Taitbout, 55.
Gérin, rue Montmartre, 103.
Gossart, rue St-Honoré, 217.
Goudchaux, rue Ste-Anne, 18.
Gripon, rue Vivienne, 22.
Guyon, boulevard Bonne-Nouvelle, 25.
Hatin, rue Neuve-des-Petits-Champs, 77.
Huillier, rue Taitbout, 29.
Jaussaud, rue Neuve-des-Petits-Champs, 61.
Jozon, rue Meslay, 60.
Lambert, place de l'École-de-Médecine, 17.
Lamy, r. Royale-St-Honoré, 10.
Lavocat, q. de la Tournelle, 37.
Lefébure de Saint-Maur, r Neuve-Saint-Eustache, 45.
Lefebvre, rue Neuve-des-Mathurins, 1.
Lefer, rue Saint-Honoré, 290.
Lefort, rue Grenelle-Saint-Germain, 5.

Lejeune, rue Lepelletier, 29.
Lemaitre, rue de Rivoli, 64.
Le Monnyer, r. de Grammont, 16.
Lentaigne, rue Neuve-Saint-Augustin, 60.
Lindet, rue de la Harpe, 49.
Mas, rue de Bondy, 58.
Massion, boul. des Italiens, 9.
Meignen, rue St-Honoré. 370.
Mestayer, rue de la Chaussée-d'Antin, 27 *bis*.
Meunier, rue Coquillière, 25.
Mocquard, rue de la Paix, 5.
Morel d'Arleux, r. de Jouy, 9.
Mouchet, rue Taitbout, 21.
Pascal, r. Grenier-St-Lazare, 1.
Péan de Saint-Gilles, r. de Choiseul, 2.
Piat, rue de Rivoli, 89.
Persil, rue de la Paix, 26.
Planchat, boul. St-Denis, 8.
Potier, rue Richelieu, 45.
Potier de la Berthelière, faub. Saint-Honoré, 5.

Poumet, rue du Faubourg-Poissonnière, 2.
Pourcelt, rue du Bac. 26.
Prestat, rue de Rivoli, 77.
Raveau, rue Saint-Honoré, 189.
Roquebert, rue Ste-Anne, 69.
Sébert, rue de l'Ancienne-Comédie, 4.
Thiac, place Dauphine, 25.
Thion de la Chaume, r. Laffitte, 5.
Thomas, rue Bleue, 17.
Thouard, boulevard de Sébastopol, 9.
Trépagné, quai de l'Ecole, 8.
Tresse, rue Lepelletier, 14.
Turquet, rue d'Antin, 9.
Vassal, rue Thérèse, 5.
Viefville, quai Voltaire, 23.
Wasselin-Desfosses, rue d'Arcole, 19.
Watin, rue de l'Échiquier, 56.
Yver, rue Neuve-Saint-Augustin, 6.
Yver (Julien), r. St-Honoré, 422.

HUISSIERS.

Acard, rue Richelieu, 92.
Aubert, rue Laffitte, 7.
Balmont, rue des Fossés-Montmartre, 14.
Barbenchon, rue des Deux-Ecus, 13.
Batrel, r. Royale, 7, à Villejuif.
Baudin, rue Hauteville, 13.
Belon, rue Vivienne, 31.
Bercier, rue Montmartre, 70.
Berly, route d'Orléans, 67, à Montrouge.
Besnard, rue du Temple, 56.
Binon, r. Grenelle-St-Honoré, 19.
Boileau, rue du Pont-Louis-Philippe, 8.
Boulet, rue Thévenot, 17.
Bourgeois aîné, rue de Fourcy-Saint-Antoine, 6.
Bourgeois, r. de la Verrerie, 61.
Cabit, rue du Pont-Louis-Philippe, 8.
Cartelier, rue Joquelet, 11.
Cauet, rue Serpente, 57.

Cauwès, r. des Bourdonnais, 51.
Chapelle, boul. St-Denis, 19.
Chauveau, rue du Havre, 17.
Chevalier, rue Neuve-des-Petits-Champs, 42.
Chevé, rue Notre-Dame-des-Victoires, 40.
Cognet, rue Saint-Marc, 17.
Collard, r. du Petit-Carreau, 13.
Coquillon, rue Rambuteau, 74.
Corsain, rue St-Sauveur, 69.
Damiens, rue de l'Echiquier, 38.
Dedreux, rue des Fossés-St-Bernard, 4.
De Foresta, boul. des Italiens, 9.
Delehelle, quai de la Grève, 10.
Demonchy, rue des Fossés-Saint-Victor, 43.
Denis, rue Montorgueil, 71.
Derenusson, rue Culture-Sainte-Catherine, 26.
Deschamps, rue de Trévise, 44.
Despaux, route St-Germain, 14, à Courbevoie.

DESRUELLE, rue des Mathurins-Saint-Jacques, 11.
DESSESQUELLE, av. de Neuilly, 75.
DETHORRE, r. Neuve-St-Merri, 48.
DÉTRÉ, rue du Temple, 176.
DEVAUX, rue Taitbout, 5.
DEVRESSE, rue Mauconseil, 45.
DORÉ, rue du Bouloi, 21.
DORGE, place du Palais-de-Justice, 7.
DOYEN, rue Saint-Honoré, 211.
DRION, r. Bourbon-Villeneuve, 9.
DUMANT, rue Pagevin, 4.
DUPUIS, rue Rambuteau, 20.
ESCRIBE, rue du Four-Saint-Germain, 40.
FABRIZI, rue Saint-Martin, 507.
FERASSE, rue Saint-Honoré, 108.
FONTAINE (Gustave), r. de Buci, 12.
FONTAINE (J. B.), rue du Petit-Lion, 23.
FOREST, rue Montorgueil, 15.
FORTIER, rue du Bouloi, 2.
FOUCON, Grande-Rue, 42, à Belleville.
FOUYAU, faub. Montmartre, 15.
FRAYSSE, rue de la Monnaie, 9.
FRÉCOURT, rue Poissonnière, 14.
FUMET, place de la Bourse, 8.
GAILLARD, rue Fléchier, 4.
GARDIEN, r. St-André-des-Arts, 22.
GARNIER, rue Castiglione, 14.
GAY, rue du Temple, 26.
GEFFROY, rue du Bac, 59.
GEFFROY (Jules), r. de Rivoli, 100.
GENDRIER, rue d'Alger, 14.
GERBU, rue de la Verrerie, 62.
GILLET, rue du Sentier, 58.
GILLOT, faub. St-Antoine, 55.
GIRAULT, rue St-Martin, 260.
GROSMILLER, r. de la Banque, 15.
HAMEL, r. des Bourdonnais, 31.
HARDUIN, r. St-Antoine, 110 bis.
HARMAND, rue Montmartre, 155.
HAVÉ, quai de la Tournelle, 13.
HAVY, rue Sainte-Anne, 42.
HIARD, r. Fontaine-Molière, 59.
ISSARD, rue de Paris, 7, à Vincennes.
JACQUIN, r. des Bons-Enfants, 29.
JANVIER, passage des Petits-Pères, 1.

JOLLY, rue de Mulhouse, 1.
JONIOT, rue de Cléry, 8.
JULIN, rue Montmartre, 6.
LAGORIE, pl. de la Bastille, 12.
LALOUE, rue de Tracy, 14.
LANGUELLIER fils, rue Beaurepaire, 20.
LATOUR, rue des Prouvaires, 10.
LEBRUN, r. Saint-Martin, 24.
LECLERC, r. Saint-Martin, 229.
LECOCQ, rue Neuve-Saint-Eustache, 32.
LEFRANC, rue du Roule, 14.
LEPARGNEUX, boulevard des Italiens, 27.
LEROUX jeune, rue St-Martin, 88.
LESOURD, boulevard de Strasbourg, 2.
LEVAUX, pl. de la Croix-Rouge, 1.
LIÉVOT, rue Saint-Martin, 192.
LIÉNARD, rue Saint-Martin, 559.
LOISEAU, rue du Temple, 21.
LOYER, rue Saint-Martin, 184.
MARCHAND, rue Compoise, 67, à Saint-Denis.
MARÉCAT père, cloître Notre-Dame, 20.
MARÉCAT fils aîné, r. Bertin-Poirée, 8.
MARÉCAT fils jeune, r. Saint-Martin, 184.
MARTEAUX, rue Neuve-Saint-Augustin, 11.
MASSON, rue Montmartre, 152.
MATHIEU, rue Croix-des-Petits-Champs, 23.
MAUPIN, boulevard Bonne-Nouvelle, 25.
MENESSIER, faub. St-Denis, 46.
MERCIER, rue Croix-des-Petits-Champs, 50.
MÉTIVIER, rue Boucher, 16.
MICHAUT, rue de la Sainte-Chapelle, 9.
MOSNIER, rue Vieille-du-Temple, 21.
MUSSAT, rue des Jeûneurs, 42.
NEUVILLE, rue du Dragon 16.
NITOT, rue Saint-Lazare, 8.
ORLÉANS, rue de la Chaussée-d'Antin, 57.
PACHON, rue Montmartre, 155.

PARISOT, rue de l'Ecole, 77, à Vaugirard.
PÉROU, rue des Filles du Calvaire, 23.
PERRIN, rue Notre-Dame de Nazareth, 28.
PESME, rue Coquillière, 40.
PETIT, rue du Faubourg-Poissonnière, 4.
PICON, rue de Cléry, 13.
PILET, place de la Madeleine, 8.
PINEL, faubourg Montmartre, 33.
PLUOT, rue des Déchargeurs, 3.
POIRIER, rue Tiquetonne, 12.
POLART, rue du Cloître-Saint-Jacques-l'Hôpital, 5.
POLY, rue Marie-Stuart, 8.
PONCEAU, port de Bercy, 1, à Bercy.

PORCHER, rue Neuve-des-Petits-Champs, 56.
POTIN, rue Montmartre, 64.
PUTIOT, rue Beaubourg, 50.
RAFFARD, Grande-Rue, 50, à Batignolles.
REGNAULT, rue Louvois, 8.
RICHAUD, faubourg St.-Martin, 34.
ROISIN, rue du Helder, 24.
SEDILLON, pl. Saint-Michel, 8.
SIMÉON, boul. du Temple, 6.
SIOU, rue Saint-Honoré, 225.
TAINNE, rue Thévenot, 11.
THICOT, rue de Flandre, 47, à la Villette.
TRICOTEL, r. Saint-Antoine, 168.
VACHER, rue Vivienne, 15.
VALENTIN, rue Rambuteau, 54.
WEIL, rue Meslay, 50.

AGENTS DE CHANGE.

ARCHDÉACON, r. de Provence, 72.
BAGIER, rue de Provence, 45.
BEJOT, rue de la Banque, 17.
BILLET, rue Laffitte, 41.
BLERZY, rue Ménars, 12.
BOUILLANT, rue Grange-Batelière, 22.
BOURDIER, place de la Bourse, 8.
BOURDIN, rue de Provence, 46.
CHAUFFERT, rue St-Georges, 23.
COIN, rue Basse-du-Rempart, 6.
CREPON, rue de la Michodière, 8.
DAVERNE, rue Neuve-St-Augustin, 42.
DELAVILLE LE ROULX, r. Laffitte, 8.
DE LEAU, rue St-Georges, 5.
DIEUX, rue de Grammont, 13.
DUBOIS, rue Taitbout, 59.
EGGLY, rue de Provence, 72.
EMPAIRE, rue St-Georges, 2 bis.
GANNERON, rue Ménars, 6.
GEFFROY, rue de Provence, 65.
GENTY DE BUSSY, rue Neuve-des-Petits-Champs, 50.
GIBLAIN, rue Drouot, 8.
GIDE, rue Drouot, 18.
GILLOIS, r. Grange-Batelière, 18.
GOURLEZ DE LAMOTTE, rue de Grammont, 5.

GUERINET, rue de Grammont, 11.
GUILHERMOZ, rue N.-D.-des-Victoires, 44.
GUYET, rue Port-Mahon, 6.
HART, rue Lepelletier, 23.
HÉBERT, rue N.-D.-des-Victoires, 14.
JUILLIEN, rue Ménars, 12.
LACARDE, place de la Bourse, 9.
LAGARDE (Paul), rue Laffitte, 29.
LAMBERT, place de la Bourse, 11.
LAURENT, rue N.-D.-des-Victoires, 38.
LEGRAS, rue Vivienne, 22.
MAHOU, cité d'Antin, 11.
MARCOTTE DE QUIVRIÈRES, rue Grange-Batelière, 11.
MARION, rue Port-Mahon, 12.
MARTINI, rue Rossini, 1.
MILLET, rue de Provence, 21.
MOREAU, rue Montmartre, 129.
NORZY, rue Drouot, 11.
NOUETTE-DELORME, place de la Bourse, 9.
POLLET, rue de Grammont, 23.
POMME, rue Richelieu, 79.
REGNART, rue N.-D.-des-Victoires, 52.
RIGAUD, rue N.-St-Augustin, 20.

BISLER, rue de Provence, 50.
ROBLOT (A.), rue de Choiseul, 16.
ROBLOT (H.), rue Richelieu, 79.
RODRIGUES-HENRIQUÈS, Chaussée-
d'Antin, 28.
ROLAND-GOSSELIN, Chaussée-d'An-
tin, 64.

ROUGEMONT, b. Montmartre, 21.
SANTERRE, r. de la Michodière, 6.
TATTET fils aîné, r. Lepelletier, 29.
TIBARD, r. Neuve-St-Augustin, 10.
TILLIET, r. de la Michodière, 18.
VACHERON, rue Rossini, 4.
WEY, rue Rougemont, 14.

COURTIERS DE COMMERCE.

AUBÉ, rue de Trévise, 55.
AUDOUARD, boulevard de Stras-
bourg, 72.
BELIN, rue des Vieux-Augus-
tins, 45.
BELLENGREVILLE, r. de Rivoli, 88.
BIGNAUT aîné, à Vitry-sur-Seine.
BIZOUARD, rue Notre-Dame-des-
Victoires, 25.
BLAY, rue Richelieu, 62.
BOUTHEROUE-DESMARAIS, quai de
Béthune, 12.
BOUVELET, rue de Rivoli, 142.
BRONNER, rue Bleue, 32.
CASTELLINO père, rue Bleue, 29.
CASTELLINO fils, rue Bleue, 29.
COENDOZ, rue Coquillière, 14.
COGNIET, rue Favart, 4.
DEJAMME, rue Hauteville, 25.
DESBRUNES, boul. du Temple, 18.
DESPLANQUES, rue Martel, 15.
DUCLOS, avenue d'Antin, 5.
DUFRESNE, rue du Havre, 12.
DUPIN, rue Joubert, 28.
FAUGIER, rue de Rivoli, 33.
FOUCHER, rue Notre-Dame-de-
Lorette, 59.
GÉRARD, rue du Pont-Louis-Phi-
lippe, 3.
GODILLOT, rue de la Banque, 21.
GUILLOCHON, rue Montholon, 10.
HAUGUEL, rue Paradis-Poisson-
nière, 40.
HÉNON aîné, rue Richer, 44.
JESSON, rue Mont-Thabor, 26.
LAINÉ, rue Martel, 17.

LAISNÉ, rue de l'Echiquier, 46.
LAMBOI, boulevard du Temple, 2.
LATASTE, place Lafayette, 20.
LE BARRIER, boul. du Temple, 51.
LENOIR, boul. Beaumarchais, 57.
LETOURNEUR, rue Charlot, 76.
LEVÊQUE, rue Bleue, 16.
LIBERSALLE, rue de Rivoli, 45.
LOMBARD, rue de l'Echiquier, 22.
LYONNET, rue de Chabrol, 65.
MARIAGE, rue de la Verrerie, 11.
MAUGE, avenue des Ternes, 96.
MOINET, rue Sainte-Croix-la-Bre-
tonnerie, 28.
MOREL, rue Notre-Dame-de-Lo-
rette, 13.
ORSEL, rue du Faubourg Saint-
Martin, 160.
PAIX, rue Saint-Martin, 205.
PAMAR, cité Trévise, 5.
PELLEREAU, place Lafayette, 20.
PESTEL, rue d'Enghien, 24.
PIQUARD, cité Trévise, 7.
PITAT, rue de Chabrol, 47.
PITOU, rue des Petits-Hôtels, 9.
POLLET, faub. Poissonnière, 68.
QUINQUEREZ, rue de Rivoli, 142.
ROBIN, rue de la Victoire, 25.
ROYER, rue Meslay, 16.
SENGEL, rue Vendôme, 13.
SILVESTRE, rue St-Georges, 57.
TAVERNIER, rue Paradis-Poisson-
nière, 52.
TRESSE, Grande-Rue, 4, à Ba-
gnolles.
VASSEUR, rue Hauteville, 42.

COMMISSAIRES DE POLICE.

Inspecteur général de la police près les résidences impériales : Hyrvoix.

Préfecture de police : Balestrino, chef de la police municipale; Cabuchet, Poirat et Duval, commissaires interrogateurs; Lamouin et Baudesson de Richebourg, chargé des délégations judiciaires.

État-Major général de la place de Paris : Lozé, rue Richepance, 10.

Garantie des matières d'or et d'argent : Doyen, faubourg St-Martin, 85; Livonge, rue des Halles-Centrales, 10; Martin, route de Versailles, 57, à Auteuil; Piot, rue de la Chaumière, 34, aux Ternes; Marini, rue Montesquieu, 5.

Poids et Mesures : Esline, rue du Cherche-Midi, 57; Morin, rue des Martyrs, 47; Villeneuve, rue Boucher, 6; Susini, rue de Rivoli, 148; Chauvin, rue Larrey, 8; Fontaine, rue Gallois, 7, à Bercy; Mathias, à Neuilly, vieille route, 24.

1er Arrondissement.

Tuileries. Boulley, rue St-Honoré, 247.
Madeleine. Bellanger, impasse Sandrié, 1.
Elysée. Stropé, rue de Penthièvre, 12.
Champs-Élysées. Collomp, rue des Écuries-d'Artois, 51.
Roule. Barlet, rue de la Pépinière, 98.

2e Arrondissement.

Palais-Royal. Bertoglio, rue d'Argenteuil, 7.
Italiens. Martinet, rue Favart, 2.
Opéra. Lanet, faubourg Montmartre, 33.
St-Georges. Leras, rue Fontaine-Saint-Georges, 59.
Montholon. Trenet, faubourg Poissonnière, 147.

3e Arrondissement.

St-Eustache. Marquis, rue Jean-Jacques-Rousseau, 21.
St-Joseph. Quoinat, rue Montmartre, 142.
Hauteville. Yver, passage des Petites-Écuries, 20.

4e Arrondissement.

Banque. Juban, rue du Bouloi, 24.
Louvre. Desgranges, rue St-Germain-l'Auxerrois, 86.
Marchés. Courteille, rue Lavandières-Ste-Opportune, 14.

5e Arrondissement.

St-Sauveur. Ludet, rue de la Grande-Truanderie, 42.
Bonne-Nouvelle. Taste, rue Beauregard, 16.
St-Laurent. Gronfier, faubourg St-Denis, 102.
Faubourg St-Martin. Petit, rue des Vinaigriers, 34.
Douane. D'Agnèse-Gino, passage de l'Entrepôt, 5.

6ᵉ Arrondissement.

Bourg-l'Abbé. RICHEBOURG, rue Quincampoix, 107.
Arts-et-Métiers. MANTEL, rue Volta, 18 et 20.
Temple. LALMAND père, rue Vendôme, 11.
Théâtres. CLAUDE, quai Jemmapes, 156.

7ᵉ Arrondissement.

St-Merri. BLANCHET, rue du Cloître-St-Merri, 4.
Mont-de-Piété. PEYRAUD, rue Pavée, 6.
Archives. GILLE, rue Molay, 10.

8ᵉ Arrondissement.

Marais. WINTER, rue du Foin, 10.
Popincourt. COLIN, rue St-Sébastien, 24.
Roquette. LOISEAU, faubourg St-Antoine, 115.
Faubourg St-Antoine. DEGEILH, faubourg St-Antoine, 206.
Quinze-Vingts. HENCHARD, rue de Bercy, 83.

9ᵉ Arrondissement.

Hôtel-de-Ville. LEMOINE-TUCHERAT, rue Jacques-de-Brosse, 10.
Arsenal. JUNGMANN, rue de l'Orme, 18.
Iles. RETOURNÉ, quai Napoléon, 7.

10ᵉ Arrondissement.

Monnaie. DE BEAUVAIS, rue Jacob, 12.
Ministères. DOUBLENS, rue Bellechasse, 50.
Babylone. BENOIT, rue de la Barouillère, 14.
Invalides. BRUNCAMP, rue St-Dominique, 170.

11ᵉ Arrondissement.

Palais de Justice. MARSEILLE, quai des Orfévres, 52.
École-de-Médecine. ALLARD, rue Suger, 13.
Sorbonne. GOYARD, rue St-Hyacinthe-St-Michel, 19.
Luxembourg. MONVALLE, rue de l'Ouest, 55.

12ᵉ Arrondissement.

Place Maubert. HUBAUT, aîné, rue des Noyers, 37.
Observatoire. BAZILLE-FRÉGEAC, rue des Postes, 10.
Jardin-des-Plantes. CESSAC, rue Guy-de-Labrosse, 4.
St-Marcel. CAZEAUX, rue du Marché-aux-Chevaux, 14.

COMMISSIONNAIRES EN MARCHANDISES.

ABBADIE ET MONTAGNAN, r. Neuve-des-Bons-Enfants, 1.
ADOUR et Cⁱᵉ, r. Papillon, 5.
ADRIANO-CAIRE, r. Paradis-Poissonnière, 56.
ADRIEN, r. du Faubourg-Saint-Martin, 225.
ALBERT, rue Meslay, 33.

ALCAIN et Cⁱᵉ, r. du Sentier, 12.
ALLAIN (G.), rue du Port, 22, à Bercy.
ALLAIN (S.), rue du Faubourg-Poissonnière, 2.
ALLAIS frères, rue de l'Homme-Armé, 7.
ALLARD frères, r. de Rivoli, 146.

ALLEMAND, rue des Petites-Écuries, 47.
ALLMAYER et SCHLOSS, rue Saint-Denis, 243.
ALVES VIANNA, rue Meslay, 55.
AMOUROUS père et fils, rue Meslay, 42.
AMY frères (KALMUS et PREIS, successeurs), r. Portefoin, 17.
ANDRÉ frères et VERSEPUY, r. des Fossés-du-Temple, 54.
ANDRÉ (Ed. P.), rue Montmartre, 18.
ANDRÉ aîné, rue du Pont-Louis-Philippe, 17.
ANDRÉ et LESIEUR, rue Saint-Antoine, 88.
ANDRIEU et BEAUDIER, rue de la Douane, 7.
ANGE, rue d'Enghien, 52.
ANTONY et J. SCHAZMANN, boul. de Strasbourg, 54.
ARDEZ, rue Montmartre, 15.
ARGENTI, rue Richer, 5.
ARLAND et PERRIN, passage Saulnier, 9.
ARLÈS-DUFOUR, rue du Conservatoire, 11.
ARNOULD, rue des Petites-Écuries, 6 et 8.
ARNOUX, rue Paradis - Poissonnière. 52.
ARNSTEIN, boul. Poissonnière, 12.
AROXCAEN, rue Paradis-Poissonnière, 8.
ARONDEL et DÉPENSIER, rue de Bondy, 42.
ARONSSOHN, impasse Mazagran, 8.
ARON - HAUSER, rue J-.J.-Rousseau, 18.
ARONE (Jules), rue des Petites-Écuries, 13.
ARONE (Joseph), faubourg Saint-Denis, 48.
ASTORGIS, rue Amelot, 4.
AUBAGNAC, rue Vieille-du-Temple, 26.
AUBANEL et Cie, r. de Trévise, 45.
AUBERT et Cie, r. Hauteville, 15.
AUBIN, rue Richelieu, 104.
AUBRY, r. du Faubourg-Poissonnière, 128.

AUCLER, rue Bourg-l'Abbé, 19.
AUDAS, rue Rambuteau, 82.
AUDOIN, rue du Petit-Lion, 6.
AUDOIS et FROISSART, r. du Petit-Lion, 38.
AUFFM OROT, STURMER et Cie, rue Drouot, 16.
AUGÉ, rue du Faubourg-Poissonnière, 8.
AUTEROCHE, rue Martel, 18.
AVERCENE et COLETTE, rue des Vieux-Augustins, 8.
AYCARD de GUIGU et Cie, boulevard Montmartre, 9.
BACHOUX, rue du Temple, 23.
BACOT et fils, rue Neuve-Saint-Augustin, 8.
BADEUIL, rue de la Roquette, 55.
BADOIS, quai Valmy, 251.
BAEHR frères, r. St-Honoré, 151.
BAILLARGEAU, r. Neuve-des-Petits-Champs, 7.
BAILLEHACHE et AUDAN, r. Neuve-Saint-Eustache, 52.
BAILLEHACHE et LEDUC, r. Michel-le-Comte, 28.
BAILLET (Aug.), rue Richer, 26.
BAILLET (C.), rue Charlot, 52.
BALDEVECK, rue Madame, 22.
BALLOT, rue Bourbon-Villeneuve, 57.
BALLY, rue de Bondy, 46.
BALSAN-MARTIN, rue Croix-des-Petits-Champs, 25.
BANKS, rue du Sentier, 28.
BAR, rue de Saintonge, 10.
BARILLON, r. de la Roquette, 50.
BARON, rue du Faubourg-Saint-Martin, 100.
BARJON-DEPERRIER, r. du Mail, 28.
BASCHET-BAULLIER, r. Vendôme, 7.
BASQUIN et SEMPÉ, r. des Petites-Écuries, 49.
BASSET, rue Meslay, 67.
BASSOT et DUCOURNEAU, rue de la Jussienne, 13.
BATAILLE, rue Saint-Martin, 9.
BATTIER, rue de la Banque, 17.
BAUDIN frères, r. de la Paix, 7.
BAUER, rue d'Enghien, 40.
BAUGNIET, rue Charlot, 85.
BAUVAL, r. Neuve-St-Augustin, 11

BAVANT, rue Godot, 22.

BAYEUX et MENGIN, boul. Beaumarchais, 85.

BEAUCAIRE (A.), rue Bourbon-Villeneuve, 24.

BEAUCAIRE, rue Thévenot, 12.

BEAUD jeune, cité Holzbacher, 7.

BECHEVOT, pl. du Vieux-Marché-Saint-Martin, 9 et 11.

BECKER et COCQUETEAUX, rue du Château-d'Eau, 56.

BEDOUT, MONNIER et Cie, faub. Montmartre, 55.

BEER et Cie, r. de Saintonge, 68.

BEER (Henry), rue des Petites-Ecuries, 55.

BEL, rue de Bondy, 68.

BELIN, rue du Roi-de-Sicile, 58.

BELLANGER, r. Fontaine-du-Temple, 17.

BENARD (GIARD, succ.), r. Jacob, 5.

BENARD et REEDAUX, rue de la Cossonnerie, 5. .

BENDER et Cie, boul. de Strasbourg, 75.

BENEZECH, rue de Reuilly, 19.

BENOIST (A.), r. de la Banque, 5.

BENOIST (J.), rue Saint-Louis, 65, au Marais.

BENOIST D'ESTIVEAU, rue Sainte-Croix-de-la-Bretonnerie, 5.

BENSON, rue d'Enghien, 8.

BÉRANGER, rue Buffault, 21.

BERENS-BLUMBERG et Cie, rue de Bondy, 64.

BERLIN, rue du Caire, 7.

BERLYN, r. Saint-Martin, 186.

BERNARD (Alfred), rue Saint-Joseph, 8.

BERNARD (François), rue de Rivoli, 10.

BERNARD, SCHWARTZ et Cie, rue Michel-le-Comte, 16.

BERNHARD, faub. St-Martin, 76.

BERNIER, rue J.-J.-Rousseau, 5.

BERNIER (Ch. F.), rue Hauteville, 28.

BERNIER frères, rue Montmartre, 111.

BERNOUD, rue Saint-Louis, 54, au Marais.

BERNY, rue du Faubourg-Poissonnière, 46.

BERRY et Cie, rue Bergère, 26.

BERRYER, r. du Château-d'Eau, 54.

BERTÈCHE, BARDOUX-CHESNON et Cie, r. des Fossés-St-Germain-l'Auxerrois, 24.

BERTHET, rue Grange-aux-Belles, 21.

BERTHOLOT, rue des Petites-Ecuries, 47.

BERTHY, rue Meslay, 1.

BERTIN et ALBARET, rue Saint-Sauveur, 56.

BERTRAND et BOUCHET, r. des Viarmes, 21.

BERTRAND et DRUCKER, rue de l'Échiquier, 46.

BERTRAND et FAVIER, rue Hauteville, 5.

BERTSCH, rue du Temple, 178.

BESSON, rue de la Banque, 19.

BEUSCHER, r. Notre-Dame-Bonne-Nouvelle, 2.

BEZANÇON, r. des Gravilliers, 50.

BIANCHI, rue du Temple, 78.

BIDAU, r. d'Angoulême-du-Temple, 20.

BILLEHEU, rue Beaujolais-Palais-Royal, 5.

BING (Léopold), rue Vendôme, 20.

BING jeune, rue Meslay, 56.

BINOCHE, DEBONNE et Cie, r. Hauteville, 28,

BISHOP (Vᵉ), r. de la Verrerie, 58.

BIZE et Cie, r. de Rivoli, 35.

BIZET, rue Saint-Denis, 142.

BLACAS, rue des Blancs-Manteaux, 25.

BLANC, VIARD et Cie, rue Hauteville, 25.

BLANCHARD frères, rue Neuve-Saint-François, 12.

BLANQUET, rue Ménilmontant, 1.

BLEIN, r. du Petit-Carreau, 1.

BLOCH, r. N.-D.-de-Nazareth, 59.

BLOCQUEL, Mme VIGOT et Cie, r. des Écouffes, 21.

BLUM, r. de la Jussienne, 15.

BLUMENFELD, r. St-Sauveur, 15.

BOAS et Cie, rue Richer, 45.

BOCQUET, faub. Saint-Denis, 100.

Bonoy et Courtenier, rue Meslay, 40.
Bonné et Schultz, rue de Rivoli, 170.
Boisgaultier frères, rue du Château-d'Eau, 60.
Bonfils, rue Meslay, 22.
Bonheur fils aîné et Cie, r. Charlot, 28.
Bonis et Cie, r. St-Joseph, 8.
Bonnet et Guth, rue Lepelletier, 16.
Bonnot, pass. de l'Industrie, 2.
Bontemps, faub. St-Antoine, 76.
Boquet, rue Rochechouart, 56.
Bordat, rue du Battoir-Saint-Victor, 5.
Bordes jeune, rue du Grand-Chantier, 14.
Borel et Sœur, rue Culture-Ste-Catherine, 48.
Borel et Clément, rue du Temple, 151.
Borgia, rue de Douai, 50.
Borne et Imbert, r. Sainte-Croix-de-la-Bretonnerie, 58.
Borrani et Droz, r. des Saints-Pères, 9.
Boscher, rue Hauteville, 51.
Bossange et fils, q. Voltaire, 25.
Bossi, rue des Jeûneurs, 16.
Botella-Mariano, rue Basse-du-Rempart, 58.
Bou et Cie, rue Rambuteau, 45.
Boucault, rue du Caire, 52.
Boudard, rue Saint-Louis, 140, au Marais.
Boudin (Henry), rue Saint-Denis, 208 et 210.
Bougleux et Cie, rue des Petites-Écuries, 47.
Bouissin, boul. de Strasbourg, 75.
Boullanger, boulevard de Strasbourg, 10.
Bourcier, r. de la Jussienne, 13.
Bourdoux, r. de l'Échiquier, 22.
Bourret, rue Montmorency, 7.
Bourlet aîné, rue Notre-Dame-de-Nazareth, 9.
Bouver, r. Notre-Dame-de-Nazareth, 9.

Bouyonnet et Baudoin, rue Saint-Denis, 156.
Bovay, faub. Saint-Denis, 84.
Boverie, faub. St-Antoine, 100.
Boyer et Nérat, faub. Poissonnière, 59.
Boyron, rue Feydeau, 26.
Bozzo oncle et neveu, r. Montmorency, 6.
Brabant, Lindemann, Suzanne et Cie, rue Hauteville, 25.
Bradshaw, rue Saint-Joseph, 12.
Bramma et Cie, r. St-Denis, 319.
Branche, rue des Vieux-Augustins, 16.
Brandus, r. Notre-Dame-de-Nazareth, 17.
Bravay, faub. Poissonnière, 8.
Breissan, rue Saint-Gilles, 12.
Brelay et Cie, r. des Jeûneurs, 55.
Bremon, rue Saint-Joseph, 8.
Brent, rue des Martyrs, 20.
Brentano et Cie, passage Saulnier, 11.
Bret, rue Neuve-Sainte-Catherine, 25.
Breton, r. du Grand-Chantier, 18.
Brevet, cité Trévise, 4.
Bricka, r. de Saintonge, 61.
Brière, boul. Beaumarchais, 24.
Brière et Dupont aîné, rue Saint-Louis, 25, au Marais.
Brisset, rue Saint-Joseph, 3.
Brocca, rue Chapon, 48.
Brocheton, r. Geoffroy-Marie, 5.
Brolemann et Cie, boul. Bonne-Nouvelle, 28.
Bronde, rue de Rivoli, 170.
Brosser, rue des Marais-Saint-Martin, 41.
Bruguière, rue de Lancry, 16.
Brun, r. des Trois-Pavillons, 4.
Brunel, rue du Renard-Saint-Sauveur, 8.
Brunnarius, boulevard du Temple, 33 et 35.
Bucaille, rue des Petites-Écuries, 54.
Buchère-Chapolin, cité Trévise, 18.
Buhler, rue Meslay, 45.
Buisman et Cie, r. de Mulhouse, 9.

BELLA frères et JOUY, rue Tique-
tonne, 16.
BULOT et BLIN, cité Trévise, 20.
BURCK et Cⁱᵉ, r. Montmartre, 152.
BURTON, rue Saint-Honoré, 350.
BUSQUET, rue Saint-Joseph, 10.
BUZOT, rue Michel-le-Comte, 16.
CABANIS, rue des Fossés-du-Tem-
ple, 22.
CAHLU, rue Paradis - Poisson-
nière, 24.
CAIN frères, cité Trévise, 2.
CAILLAT, rue Chauchat, 11.
CAILLE jeune, rue Sainte-Croix-
de-la-Bretonnerie, 20.
CAILLET, DONOP et Cⁱᵉ, rue Para-
dis-Poissonnière, 17.
CAILLEUX (J. B.), faubourg Pois-
sonnière, 40.
CAILLEUX (L.), rue de Trévise, 13.
CAILLOL frères, rue Thévenot, 8.
CAIRE, rue Paradis - Poisson-
nière, 36.
CAIRE frères, r. Rambuteau, 37.
CALDAS et Cⁱᵉ, rue d'Enghien, 46.
CALDERON, faub. Saint-Denis, 57.
CALMELS, rue Paradis (Marais), 8.
CALPINI frères, r. Montmorency, 6.
CALS frères, rue Meslay, 1.
CAMBRONNE frères, rue Neuve-
Saint-Eustache, 40.
CAMPAGNE, rue Meslay, 30.
CAMUS et ses fils, rue Barbette, 2.
CARCENAC et ROY, rue des Jeû-
neurs, 58.
CARLET, rue d'Enghien, 28.
CARVAILLO et Cⁱᵉ, passage Saul-
nier, 15.
CASSAGNADE, passage du Sau-
mon, 52.
CASTINEL, rue Oblin, 1.
CATELAN, rue Neuve-Saint-Eu-
stache, 36.
CAUDISENS et Cⁱᵉ, rue des Petites-
Ecuries, 50.
CAUPERT et QUINCENET, rue Saint-
Louis (Marais), 28.
CAUVET et CLAUSE, faubourg
Saint-Antoine, 109.
CELLIER, rue de Jarente, 6.
CERF jeune, boulev. St-Denis, 4.

CESBRON et Ch. ROBERT, rue du
Sentier, 36.
CHALLAMEL, r. des Boulangers, 50.
CHALLIOT, rue Saint-Honoré, 354.
CHAMBRELENT, rue Hauteville, 1.
CHAPMAN, r. de la Sourdière, 20.
CHARANCAYS, rue de Lancry, 10.
CHARDIN frères, r. Hauteville, 60
et 62.
CHARLOT et MARTIN, rue Neuve-
Saint-Augustin, 5.
CHARTIER fils jeune, rue des Pe-
tites-Ecuries, 19.
CHATEL et DENORS, rue d'Angou-
lême-du-Temple, 8.
CHATELAIN, rue Mauconseil, 14.
CHAUMETTE jeune, rue des
Ecouffes, 7.
CHAVAGNAT, boulevard Bonne-
Nouvelle, 25.
CHAVES, rue Bleue, 17.
CHENVIÈRE, rue des Jeûneurs, 29.
CHENIEUX, rue Mandar, 9.
CHÉRON, rue Saint-Honoré, 416.
CHEVALIER frères et Cⁱᵉ, rue Bour-
bon-Villeneuve, 7.
CHEVRÉ aîné, rue Charlot, 57.
CHEYLAC, rue Croix-des-Petits-
Champs, 29.
CHOLLAZ, passage Chausson, 5.
CHOPIN, passage Chausson, 5.
CHOUON, rue Saint-Antoine, 159.
CHOUMARA, rue Neuve-Saint-
Merri, 28.
CHRÉTIEN, rue Bergère, 20.
CHRISTEL, rue d'Angoulême-du-
Temple, 68.
CHRISTIN, rue Française, 9.
CLAIR et Cⁱᵉ, rue Notre-Dame-des-
Victoires, 44.
CLAIREFOND, rue des Vieux-Au-
gustins, 27.
CLAUDE et Cⁱᵉ, rue Richelieu, 45.
CLÉMENT, faubourg St-Martin, 48.
CLERC, rue Hauteville, 45.
CLERGUÉ, rue des Petites-Ecu-
ries, 45.
CLÉRIN, boulevard du Temple, 10.
CLOQUEMIN et Cⁱᵉ, rue Paradis-
Poissonnière, 50.
CŒUR, rue Notre-Dame-de-Naza-
reth, 45.

Cohen frères et Cie, passage Saulnier, 25.
Cohn et Cie, rue d'Enghien, 24.
Cohn (Edouard), r. d'Enghien, 28.
Colas, rue de Bondy, 74.
Colas (F.), passage du Grand-Cerf, 52.
Colas (J. B.), rue St-Martin, 210.
Colin, rue Oblin, 1.
Collart, r. du Château-d'Eau, 60.
Collet, rue des Vinaigriers, 66.
Colin, Loup et Embot, rue Montholon, 24.
Collin, rue du Sentier, 57.
Collot et Choumara, rue Saint-Martin, 271.
Comollo et Cie, rue Portefoin, 10 et 12.
Convert et Berton, rue Saint-Denis, 374.
Coquardon. rue de la Douane, 5.
Coquel aîné, rue Jean-Jacques-Rousseau, 5.
Corderant, r. de la Verrerie, 67.
Cornely, rue Richer, 43.
Cornilleau, passage Chausson, 5.
Corpel frères, place Royale, 6.
Cornèze et Cie, r. des Rosiers, 14.
Cosson-Duquesne, rue d'Anjou (Marais), 8.
Coulet et Badière, rue du Sentier, 15.
Courcier, rue Hautefeuille, 9.
Courlet, rue Notre-Dame-de-Nazareth, 25.
Courtat, rue de Rivoli, 64.
Courtois, Amblard et fils, rue Bonaparte, 11.
Courtois (D.), rue du Sentier, 28.
Courtois, rue Pagevin, 3.
Cousin, rue du Faubourg-Poissonnière, 55.
Cowdin et Cie, rue Richelieu, 79.
Craveri, rue Montmartre, 77.
Crémont et Heck, r. Richelieu, 104.
Crespin, rue aux Ours, 22.
Creton et Taperin, rue Montmartre, 129.
Creuse, rue Saint-Martin 104.
Cribier, rue Saint-Denis, 162.
Cruet et Lundsquist, r. Charlot, 71.
Cugnot, rue Montmartre, 167.

Cuntz et Cie, rue Paradis-Poissonnière, 54.
Curnier, Cuirol et Cie, rue de Saintonge, 51.
Curti, rue Chapon, 11.
Daclin, rue du Grand-Chantier, 6.
Daeniker et Cie, rue Hauteville, 52.
Daeschner et Vielleville, faubourg Saint-Denis, 59.
Daffis, rue du Four-Saint-Germain, 18.
Dageon, place Royale, 9.
Daguerre frères, r. Hauteville, 53.
Dallet, rue de Braque, 4.
Dalloyau, rue de l'Arbre-Sec, 45.
Dalsace, rue Montmorency, 9.
Damiens-Duvillier, rue du Bouloi, 10.
Damiès aîné, faub. St-Martin, 39.
Danin, rue de Cléry, 61.
Danasse fils, impasse Conti, 2.
Darodes, rue Hauteville, 18.
Darqué, rue du Temple, 198.
Daubié-Cantier, r. Vendôme, 12.
Daumont, rue Saint-Denis, 190.
Dautez fils, rue du Château-d'Eau, 42.
Dautry fils, boulevard des Amandiers, 66.
David et Templier, rue Saint-Denis, 192.
David (Ch.), rue des Petites-Ecuries, 42.
Davril et fils, quai de la Râpée, 64.
Day et Verdeil, r. Hauteville, 54.
Dazon et fils, rue d'Enghien, 46.
De Barruel et Cie, r. de Bondy, 52.
Debueld, rue de l'Echiquier, 41.
Debelle et Cie, rue du Chaume, 5 et 7.
De Behr et Cie, rue des Tournelles, 47.
Debladis, faubourg St-Denis, 12.
De Clermont et Cie, r. Barbette, 11.
Declermont, rue Mazagran, 16.
Defly, faubourg Poissonnière, 7.
De Goer et Rifflard, r. Bleue, 5.
Degola, rue Saint-Denis, 362.
Delacre, rue des Petites-Ecuries, 34.

DELAPLANCHE, r. des Jeûneurs, 29.
DELAPLANE et Cie, r. de Rivoli, 114.
DELAPORTE aîné, rue Michel-le-Comte, 25.
DELARUE, rue Thorigny, 4.
DELAVAL et FOREST, r. Vendôme, 8.
DELESALLE et Cie, r. Hauteville, 61.
DELIMOGES, rue Saint-Joseph, 5.
DELLA-ROCCA, passage Saulnier, 11.
DELPY, rue de Trévise, 45.
DELTEL et Cie, r. de l'Echiquier, 42.
DE MASSEY et J. B. FINANCE, place de la Bourse, 5.
DEMIÈRE, rue Mauconseil, 18.
DEMMIN, rue d'Angoulême-du-Temple, 6.
DEMONTANT, boul. Montmartre, 19.
DENECHAU, r. des Tournelles, 41.
DENEUX et GRAMET aîné, rue Payenne, 4.
DENIS et LETAILLEUR, rue Saint-Gilles, 17.
DENIS et Cie, rue Montorgueil, 47.
DENISANE, rue Chauchat, 10.
DENIZART, rue du Petit-Lion, 15.
DEPARROIS et LOIR, rue Neuve-des-Bons-Enfants, 7.
DÉPINAY fils, rue de Bondy, 48.
DEPLIHEZ et LEDOUX, rue Montmartre, 55.
DEPRESLE, boulevard Bonne-Nouvelle, 25.
DERAISMES, JOHN et Cie, rue Saint-Louis (Marais), 110.
DERIOT, rue du Petit-Lion, 15.
DE RUDDER, rue Saint-Louis, à Batignolles.
DE SAINT-CYR, r. de l'Echiquier, 50.
DES ESSARTS, PETIT et Cie, rue Paradis-Poissonnière, 17.
DESBROUSSES, r. Montmartre, 146.
DESCOMBES, faubourg Poissonnière, 116.
DESÈVRE, faub. Poissonnière, 8.
DESGRAND père et fils, rue de l'Entrepôt, 35.
DESGRAND, faubourg Poissonnière, 116.
DESHOUILLES, r. des Jeûneurs, 31.
DESLANDRES et REY, rue du Grand-Chantier, 8.
DESLANDRES, rue St-Denis, 268.

DESMARAIS, rue Vendôme, 15.
DESPLANQUES, rue Martel, 15.
DESPREZ, rue Saint-Marc, 55.
DESSIENNE, rue Pagevin, 10.
DESTIREAUX, rue Bonaparte, 22.
DETOT et Cie, rue Paradis-Poissonnière, 57.
D'ETROYAT, rue Mazagran, 4.
DETTELBACHER, rue Notre-Dame-de-Nazareth, 61.
DEUTZ et fils, pass. Saulnier, 11.
DEVERS, rue Saint-Martin, 180.
DEVILLE, rue Neuve-Saint-Eustache, 16.
DHAMELINCOURT, rue Vieille-du-Temple, 30.
D'HIACVILLE fils, r. du Temple, 219.
DIDIER jeune, cité Trévise, 5.
DIDION, rue de la Planchette, 8.
DIETRICH et Cie, rue Neuve-Saint-Augustin, 49.
DIEUDONNÉ jeune, r. des Singes, 1.
DILSHEIMER, r. de l'Echiquier, 8.
D'IVERNOIS-BESSON, r. Buffault, 22.
DUBELIN et Cie, rue St-Denis, 172 et 174.
DOLHASSARY jeune, r. Vendôme, 22.
DOLLINGEN et Cie, rue Bergère, 27.
DOMBRE, CHEYSSON et Nos, rue des Petites-Ecuries, 28.
DOMECQ (Ve D.), rue du Faubourg-Poissonnière, 40.
DOMECQ (Ch.), r. de l'Echiquier, 8.
D'ORIVAL et LUGENBUHL, boulevard Bonne-Nouvelle, 28.
DOUBLE frères, rue de l'Echiquier, 14.
DOUDELLE, rue de la Grande-Truanderie, 48.
DRESSEL et Cie, rue d'Enghien, 48.
DREYFUS, r. Neuve-St-Eustache, 5.
DREYFUS frères et Cie, rue Thévenot, 25.
DRIER, rue des Marais-Saint-Martin, 83.
DROUIN, rue Sainte-Croix-de-la-Bretonnerie, 21.
DUBOIS, rue du Temple, 46.
DUBOSQ et BARD, rue du Petit-Lion, 15.
DUBREUIL et Cie, boulevard de Strasbourg, 21.

Debruxle et Repainville, rue des Jeûneurs, 46.
Ducasse et V° Clureau aîné, rue de Lancry, 16.
Duchampt, boul. St-Martin, 67.
Duchemin, Ducasse et Cie, r. Thévenot, 17.
Duchemin-Dufay, rue d'Anjou (Marais), 19.
Duchemin, rue Paradis-Poissonnière, 17.
Duclos et Moulin, r. St-Denis, 266.
Duconoy, rue Vendôme, 17.
Ducrocq et Cie, rue Thévenot, 22 et 24.
Duesberg et Hoffschulte, rue Paradis-Poissonnière, 29.
Dufieux aîné, rue Vieille-du-Temple, 26.
Dufour, rue Portefoin, 11.
Dufour (N.), rue Michel-le-Comte, 26.
Dufournet fils et Lanoy, r. d'Enghien, 28.
Dufrêne et C. Baudoux, r. Castex, 7.
Dugied, rue Sainte-Anne, 1.
Dumas et Cie, passage Saulnier, 15.
Dumas et Lorentz, rue de la Banque, 17.
Dumont, rue de Braque, 6.
Dumont frères, rue Mogador, 14, à la Villette.
Dumont et Cie, r. de la Victoire, 43.
Dumont, rue Montmartre, 33.
Dumont et Cie, r. du Petit-Lion, 11.
Dumortier, rue Paradis-Poissonnière, 37.
Dumoulin oncle, r. Richelieu, 106.
Dunaud, r. Fontaine-du-Temple, 16.
Duplan et Salles, r. de Bondy, 32.
Dupon, rue Hauteville, 35.
Dupont, rue Tiquetonne, 12.
Dupont (D.), place Royale, 24.
Dupont (E.), rue Meslay, 17.
Dupont (O.), rue de Cléry, 12.
Dupray frères, rue Richer, 3.
Dupuis et Parfaury, petite rue Saint-Pierre-Amelot, 28.
Dupuy, rue Saint-Sulpice, 24.
Duquenel, rue des Viarmes, 29.
Durand (L.), faub. St-Denis, 92.
Durand (D.), r. de la Fidélité, 22.

Durand (F.), r. de la Douane, 14.
Duraton et Cie, rue Geoffroy-Marie, 9.
Dussardier, quai des Ormes, 58.
Dusseaux, rue Bleue, 16.
Duteurtre-Dumanoir, rue Plâtre-du-Temple, 20.
Duthu, rue de Saintonge, 41.
Dutilloy, rue de l'Echiquier, 15.
Duval, rue Paradis-Poissonnière, 2 *bis*.
Duval et Blanchard, rue Hauteville, 30.
Duval et Charles, rue Neuve-des-Mathurins, 4.
Ebert, rue du Bouloi, 17.
Ebizet, passage Saulnier, 1.
Ellis, faubourg Montmartre, 13.
Emden, rue de la Victoire, 15.
Emmel, rue des Marais-Saint-Martin, 60.
Emond père et fils, rue Thévenot, 12.
Emson, rue de la Banque, 20.
Engsthom, rue Hauteville, 54.
Enoch et Oppenheim, rue de Bondy, 50.
Enoch et Reiss, rue du Château-d'Eau, 22.
Erouard, rue Geoffroy-Langevin, 2.
Estienne et Cie, faubourg Poissonnière, 8.
Etienne et Ehrequeta, rue d'Enghien, 44.
Evette, rue d'Enghien, 30.
Evroux et Amédée Changey, rue du Gindre, 3.
Eymard et Mesnel, rue du Temple, 14.
Faber, boul. de Strasbourg, 12.
Fabre, cour des Petites-Ecuries, 20.
Fabre Hubault, rue Vendôme, 8.
Fabreguettes et Mora, faubourg Saint-Denis, 23.
Falconnier et Edmond Israel, rue Rambuteau, 50.
Faivre aîné, r. Montmartre, 129.
Famechon, boulevard Poissonnière, 24.

Favo et Ballanti, rue Neuve-St-Augustin, 8.
Farge, rue Saint-Martin, 218.
Farge et Cie, rue du Petit-Carreau, 15.
Faria et Cie, rue Lamartine, 8.
Farina, rue des Gravilliers, 44.
Farret, rue Chapon, 25.
Faucille, rue Rougemont, 1.
Fauconnier et Cie, r. Meslay, 28.
Falvel, rue Montholon, 24.
Fauvet, rue Ménars, 4.
Favarger, faubourg Poissonnière, 114.
Fay, rue Hauteville, 54.
Fayet (J.), rue St-Sauveur, 71.
Fayet (D. J.), rue du Grand-Chantier, 4.
Febnex, rue de Provence, 78.
Ferin, rue des Bourdonnais, 18.
Ferreira, Pinto et Cie, rue Paradis-Poissonnière, 40.
Ferrez aîné, rue des Marais-Saint-Martin, 44.
Ferrière, rue de Saintonge, 4.
Ferron, rue d'Enghien, 11.
Fessard, rue Vendôme, 22.
Feumry, rue Mondétour, 9.
Feugeas, rue des Blancs-Manteaux, 22.
Feuillard, rue des Lions-Saint-Paul, 7.
Fèvre, rue St-Louis (Marais), 82.
Fevez frères et Charvet, r. Hauteville, 10.
Fex, Gatinot et Cie, rue Montmorency, 5.
Finsterlin, passage Saulnier, 4.
Fischer, rue Paradis-Poissonnière, 12.
Flachfeld et Hirch, rue des Petites-Ecuries, 55.
Flamant, faub. St-Martin, 113.
Flament, rue Neuve-Saint-Eustache, 32.
Flaxland, rue Thévenot, 8.
Fleury, rue Sainte-Placide, 16.
Flobert, Cadillac et Cie, rue de Bondy, 58.
Flouert, cité Trévise, 2.
Flotard, rue du Renard-Saint-Sauveur, 9.

Fluemann, rue de Grammont, 26.
Foote, rue de Trévise, 28.
Fortin, r. du Grand-Chantier, 1.
Foucault, rue d'Enghien, 11.
Foucher et Leblond, rue des Deux-Portes-Saint-Sauveur, 22.
Foucher, rue Poissonnière, 10.
Foucques, rue des Vieux-Augustins, 34.
Fournier, rue des Quatre-Fils, 8.
Fournier, rue de Cléry, 11.
Fournier et Arnaud, rue de l'Echiquier, 39.
Fournier-Marrin et Cie, rue de Rivoli, 77.
Fourquet et Bard, boulevard de Strasbourg, 19.
Fousset (M^e), rue Portefoin, 11.
Fowle, rue Pernelle, 8.
Fox, rue des Marais-Saint-Martin, 48.
Fraichot aîné, rue Pastourel, 5.
Fraisse et Patasson, rue des Jeûneurs, 6.
Franche, rue Saint-Denis, 277.
Frédérick, rue Neuve-Saint-Augustin, 35.
Frémont et Cie, r. de Trévise, 28.
Freppa, rue Richelieu, 15.
Freppel-Wendling, rue Rougemont, 12.
Fresca et Cie, r. Lepelletier, 16.
Friedlander et Cie, faubourg Montmartre, 17.
Froehlich-Levis, faubourg Saint-Denis, 50.
Frogen, rue Notre-Dame-de-Nazareth, 20.
Froidevaux, rue St-Quentin, 14.
Fudickah et De Raadt, rue Saint-Denis, 241.
Fuld, rue du Mail, 18.
Gaffré, rue Mauconseil, 12.
Gage (Paul), rue Grenelle-Saint-Germain, 13.
Gaillard et Cie, rue Richer, 18.
Galibert, rue Payenne, 14.
Gallet, Lefebvre et Cie, rue de la Vieille-Monnaie, 22.
Gallimard et Petitfils, rue Saint-Louis (Marais), 16.
Gallon, r. du Petit-Carreau, 26.

Gambrey, rue de l'Entrepôt, 31.
Garanger frères, boulevard Saint-Martin, 29.
Gardens, rue Ménilmontant, 18.
Garce, rue des Coutures-Saint-Gervais, 18.
Garelly, Baare et Geer, faubourg Poissonnière, 31.
Gastal, r. des Petites-Ecuries, 24.
Gatte et Berthod, r. Hauteville, 25.
Gaudio, rue Rougemont, 7.
Gault, pass. du Jeu-de-Boules, 11.
Gaultier, rue Saint-Denis, 374.
Gauthier jeune, rue Michel-le-Comte, 21.
Gayda, faub. St-Denis, 51 et 55.
Gaytte, rue d'Enghien, 57.
Geffroy, rue Meslay, 20.
Gérardin et Destrez, rue Paradis-Poissonnière, 54.
Géraud, passage Chausson, 5.
Germain frères, r. Hauteville, 21.
Germinet, rue Saint-Denis, 191.
Gerson, boulevard du Temple, 11.
Gerson frères, rue Bergère, 57.
Getting, rue Folie-Méricourt, 50 et 52.
Gibert, rue de la Pépinière, 110.
Gibon, r. Paradis-Poissonnière, 13.
Giésé et Dollmann, r. d'Enghien, 8.
Giesler, rue de Trévise, 17.
Girault, rue Baillet, 4.
Guibega, rue Bergère, 27.
Glaenzer, rue Rougemont, 8.
Gœbel et Waldemeier, rue Hauteville, 17.
Goer (Hip. de), rue Bleue, 3.
Gogery, r. des Enfants-Rouges, 4.
Gohier, rue Tiquetonne, 12.
Goldschmidt, rue Meslay, 67.
Gombrich, rue Bourbon-Villeneuve, 5.
Gomez et Cie, rue Bergère, 9.
Gomidas, Panos et Cie, rue de l'Echiquier, 19.
Gontier, rue Neuve-des-Petits-Champs, 39.
Corini frères et Cie, rue Saint-Martin, 203.
Gossiome, rue Mauconseil, 15.
Gosse, rue Saint-Marc, 5.

Goupil frères et Binoche, rue de Boudy, 70.
Coupy frères, rue Chapon, 15.
Gouriet, rue Mondétour, 51.
Gouriet fils et Lafitte, rue des Vieilles-Haudriettes, 8.
Grados, rue Richer, 10 et 12.
Graetzer et Hermann, rue de l'Echiquier, 13.
Grand, rue des Bons-Enfants, 26.
Grange, faubourg St-Martin, 78.
Gréer, rue Saint-Martin, 243.
Grenier, rue Meslay, 11.
Grenier (C. H.), rue Sainte-Croix-de-la-Bretonnerie, 28.
Grignard, rue des Petites-Ecuries, 13.
Grimault aîné, rue Française, 11.
Grimbert et Dorez, rue Pavée-Saint-André-des-Arts, 14.
Grisard, r. des Bourdonnais, 56.
Grivel, rue Hauteville, 28.
Grognot-Pernette, rue Saint-Sauveur, 20.
Gros, rue du Grenier-Saint-Lazare, 8.
Grosholz et Cie, rue du Château-d'Eau, 56.
Grosholz, faubourg Poissonnière, 46.
Grut, rue du Grand-Chantier, 10.
Grutzner, rue de Saintonge, 64.
Gubian, boul. Bonne-Nouvelle, 28.
Gubian (Ch.), boulevard de Strasbourg, 11.
Guebhard fils, rue St-Lazare, 51.
Guerbette, rue Saint-Denis, 271.
Gueroult et Cie, rue des Bons-Enfants, 21.
Gueymard, r. Grange-Batelière, 16.
Gueyrard, rue des Martyrs, 47.
Gugenheim, rue Meslay, 21.
Gugenheimer, rue Neuve-Saint-Eustache, 30.
Guichard et fils, rue Charlot, 9.
Guichot, rue des Petits-Hôtels, 26.
Guillard, rue Paradis (Marais), 6.
Guillemard aîné, rue des Enfants-Rouges, 4.
Guillet, rue Hauteville, 15.
Guimaraes et Ruffin, rue Martel, 3.

Gutmann, rue du Grand-Chantier, 7.
Guyard, rue Saint-Maur-Popincourt, 118.
Guyeton, rue Charlot, 9.
Guyot, rue des Vieux-Augustins, 16.
Haab et Cie, passage Violet, 5.
Haas, rue du Temple, 157.
Hachette, rue de la Perle, 1.
Hackenbroch, boul. du Temple, 30.
Hadamard, rue Richer, 26.
Hagemann et Cie, boulevard de Strasbourg, 24.
Haight et Halsey, rue Paradis-Poissonnière, 19.
Hainion, rue des Vinaigriers, 55.
Halle, boulev. Poissonnière, 24.
Hallgarten, rue Portefoin, 6.
Hamot jeune et Cie, rue des Fossés-Montmartre, 10.
Hannoyer, rue des Filles-du-Calvaire, 25.
Harding, rue de l'Echiquier, 18.
Hartogs frères, faubourg Montmartre, 7.
Hartrodt, rue d'Enghien, 19.
Hausemann, rue d'Enghien, 25.
Hautevelle, rue Meslay, 5.
Havé, rue Neuve-Saint-Paul, 10.
Hayet aîné et frère, rue de Bondy, 20.
Hébert, cité Trévise, 5.
Hefty frères, rue Martel, 6.
Hélène, rue du Cloître-Saint-Merri, 6.
Hellemann, rue des Petites-Ecuries, 7.
Lemerdinger aîné, rue Saint-Marc, 30.
Henderson, Smyth et Cie, rue Richelieu, 102.
Henocque, rue de l'Echiquier, 12.
Henocque et Vanveers, rue Paradis-Poissonnière, 56.
Henon, rue Sainte-Croix-de-la-Bretonnerie, 25.
Héricourt, rue St-Martin, 256.
Hering, Jourdain et Pouyer, rue des Jeûneurs, 27.
Héritier et Guirand, rue du Croissant, 18.

Herman frères, rue du Val-Sainte-Catherine, 23.
Hernsheim, rue Notre-Dame-de-Nazareth, 24.
Héros, boulevard des Italiens, 52.
Hersent et Cie, rue Thévenot, 24.
Hesse, rue Hauteville, 55.
Hewitt, rue Mont-Thabor, 8.
Hodgkinson et Burnside, rue St-Bernard-St-Antoine, 12.
Hofmann, rue de Bondy, 66.
Hofmans et Cie, rue d'Enghien, 58.
Hogard et Cie, rue Neuve-Saint-Augustin, 10.
Holleville frères, rue Malher, 10.
Honegger et Cie, cour des Petites-Ecuries, 7.
Honoré, rue de l'Echiquier, 45.
Hontang frères, rue de Bondy, 11.
Horeau, rue de Rivoli, 66.
Hovyn, rue de l'Echiquier, 57.
Huard, rue des Tournelles, 50.
Hubaut, rue Bertin-Poirée, 10.
Hubert, rue Vendôme, 17.
Hugel, rue Paradis-Poissonnière, 10.
Hughes, Dupuy et Créhange, rue du Grand-Chantier, 7.
Humbert frères, rue Charlot, 10.
Hunt, rue de l'Echiquier, 30.
Hunziker frères, rue Meslay, 14.
Hurillon et Rallin, rue Portefoin, 15.
Husson et Cie, rue d'Enghien, 44.
Huvet jeune, rue Neuve-Saint-Eustache, 50.
Ikelmer et Cie, r. Rougemont, 11.
Immerwahr, r. de l'Echiquier, 18.
Israel et Rheims, r. du Sentier, 52.
Jacob, rue du Faubourg-Poissonnière, 54.
Jacquault fils, rue des Vieux-Augustins, 16.
Jacobsen, rue du Faubourg-Poissonnière, 65.
Jacquemin, rue Ventadour, 7.
Jacquemond, r. Montmartre, 122.
Jacquesson, r. Paradis (Marais), 16.
Jacquet, rue Montorgueil, 32.
Jaeger et Cœuille, r. Vendôme, 15.
Jagerschmidt et Jullian, rue Lafayette, 50.

JAM, rue des Tournelles, 18.
JANSEM, rue des Lombards, 8.
JARDIN jeune, rue du Grand-Chantier, 7.
JEANNINEL, r. St-Louis (Marais), 89.
JEANTI aîné et fils, rue des Quatre-Fils, 5.
JOHN MAS NISH et Cie, rue de la Victoire, 8.
JOHN OEHNINGER et Cie, passage Saulnier, 13.
JOLIOT, r. du Grand-Chantier, 11.
JOLLY fils aîné, rue des Vieilles-Haudriettes, 5.
JOLY, rue des Tournelles, 87.
JOSSIER, rue de l'Écharpe, 2.
JOUANNY-VILLEMINOT, faubourg du Temple, 70 et 72.
JOUAS, rue de Vaugirard, 199.
JOUIN jeune (Ve), rue Vendôme, 17.
JOURDE (P. et C.), r. Montholon, 21.
JUAN BERTSCH, rue du Temple, 178.
JULIEN, faub. St-Antoine, 170.
JULIEN et Cie, rue St-Louis (Marais), 13.
JULLIANY père et fils, boulevard de Strasbourg, 62.
JUMELLE, rue St-Denis, 123.
JUNG, rue d'Enghien, 23.
JUNGFLEISCH, faubourg St-Antoine, 27, 29 et 33.
KAHN, rue Hauteville, 55.
KALMUS et PREIS, r. Portefoin, 17.
KAUPÉ et WINKELMAN, cour des Miracles, 8.
KELLER et STEEB, faubourg Poissonnière, 8.
KELLER, rue des Petites-Écuries, 27.
KILM et JAQUINOT, r. Charlot, 60.
KILIAN, rue de l'Écharpe, 2.
KLEIN, rue Hauteville, 23.
KLOTZ, rue St-Sauveur, 69.
KOCH frères, r. d'Enghien, 40.
KOHL et MONROUX, rue des Petites-Écuries, 15.
KOHNSTAM, rue Bleue, 19.
KOPP, rue St-Gilles, 24.
KOSMANN frères, boulevard du Temple, 18.
KRIEGER, rue de l'Échiquier, 19.

KULP frères, rue des Petites-Écuries, 31.
LABORDE et Cie, r. de Bondy, 42.
LABRUYÈRE (Ve), rue Cardinal-Lemoine, 4.
LACROIX (Auguste), r. Bergère, 5.
LACROIX (Prosper), r. Charlot, 7.
LADÉ et Cie, r. Hauteville, 19.
LADENT frères, rue Neuve-St-Eustache, 44.
LAFAY, rue Montmartre, 152.
LAFLEUR, rue de l'Échiquier, 38.
LAGACHE, faub. St-Martin, 37.
LAIR, r. du Grand-Chantier, 8.
LALLEMAND, rue de Lancry, 51.
LAMBERT, boulevard Bonne-Nouvelle, 25.
LAMBERT (E.), rue St-Denis, 92.
LAMBERT (O.), rue Vieille-du-Temple, 27.
LAME et BEAUQUÉ, rue St-Louis (Marais), 108.
LAMOUROUX, r. Ste-Apolline, 7.
LAMY, rue Rambuteau, 13.
LAMY (Victor), rue Thevenot, 17.
LANCEL, place Royale, 15.
LANCELOT, r. Montmartre, 120.
LANCIAU, r. du Grand-Chantier, 8.
LANDAUER, rue de la Boule-Rouge, 1.
LANE, LAMSON et Cie, rue de la Victoire, 12.
LANGENBACH et Cie, rue des Petites-Écuries, 26.
LANGLOIS, rue de Trévise, 15.
LANGMEIER, r. d'Enghien, 11.
LANGOGNE, r. de la Madeleine, 27.
LANGHUTT et HARTMANN, rue Bergère, 5.
LANSEIGNE frères, rue Hauteville, 48.
LANTELME et Cie, rue des Vieilles-Haudriettes, 2.
LAZENBERG, rue des Fossés-du-Temple, 40.
LAPOITE, rue de Saintonge, 43.
LARBAUD, rue du Temple, 154.
LARNAUDE et Cie, cour des Petites-Écuries, 22.
LARRIEU, rue des Petites-Écuries, 44.

Larrieu-Estellé, rue des Vieux-Augustins, 11.
Larrouy et Baillieux, rue Richer, 15.
Larroze, rue du Temple, 219.
Lasne aîné, r. Paradis (Marais),15.
Lasalle et Cie, rue Louis-le-Grand, 57.
Lassus et Cernesson, rue St-Honoré, 416.
Laulhé, rue de Cléry, 96.
Laurens, rue des Jeûneurs, 10.
Laurens et Dupuich, rue St-Fiacre, 12.
Laurent, faubourg St-Martin, 61.
Laurent et Rimbault, rue Neuve-St-Eustache, 36.
Lavallée frères et Cie, rue Christine, 5.
Lavanture et Paulet, rue Paradis (Marais), 12.
Laviale fils, rue Culture-Ste-Catherine, 28.
Lazard frères, rue Mazagran, 9.
Ledargy, Bernay et Cie, rue Ste-Croix-la-Bretonnerie, 39.
Lebeau, rue de Normandie, 1.
Leblanc (L.), rue des Beaux-Arts, 17.
Leblanc (H.), rue Paradis-Poissonnière, 42.
Lecerf fils, r. J.-J.-Rousseau, 1.
Leclair, rue de Cléry, 57.
Leclerc, rue Richelieu, 92.
Leclère (A.), rue St-Martin, 9.
Leclère frères, r. Mazagran, 5.
Lecomte (Léon) et Cie, rue Bergère, 7.
Lecoq, boulevard du Temple, 4.
Lecourt et Cie, rue St-Denis, 249.
Lecourtois et Massin, rue de Metz, 14.
Ledreux, rue Neuve-des-Petits-Champs, 36.
Leduc (J.), rue Montorgueil, 32.
Leduc, rue Simon-le-Franc, 8.
Lefebvre, r. St-Louis (Marais),82.
Lefebvre et Amory, rue des Petites-Ecuries, 33.
Lefebvre (Alph.), rue d'Angoulême-du-Temple, 29.

Lefèvre, rue du Faubourg-Montmartre, 15.
Legendre et Guichard, rue de Saintonge, 62.
Léger, fils, rue Taranne, 7.
Leghain, rue Paradis-Poissonnière, 32.
Legrand, fils, rue Paradis-Poissonnière, 44.
Legras, rue Rameau, 7.
Leguay, rue des Fossés-Saint-Bernard, 6.
Lelarge, rue Paradis-Poissonnière, 32.
Lelegard, rue Grenelle-Saint-Honoré, 19.
Lelièvre, rue Grande-Truanderie, 56.
Lemaire, passage du Caire, 2.
Lemaire-Daimé, faubourg Poissonnière, 58.
Lemaitre et Bergmann, rue de Bondy, 32.
Lemaitre et Buchlé, r. Malher, 12.
Lemercier, rue de Seine, 57.
Lemercier, frères, rue Sainte-Croix-la-Bretonnerie, 40.
Lenicolais aîné, rue Beautreillis, 11.
Lenoir, rue des Martyrs, 47.
Lentaigne (Ve) et frère, rue Saint-André-des-Arts, 45.
Léo, Jametel et Cie, rue d'Enghien, 24 et 26.
Léon (Joseph), rue de Saintonge, 62.
Léon (Ch.), rue Bourbon-Villeneuve, 24.
Léon (Saint-Henry), rue de Saintonge, 10.
Léon-Landau, rue Neuve-Saint-Augustin, 24.
Léoni et Coblentz, rue d'Enghien, 21.
Léorat et Ferrand, rue de l'Échiquier, 42.
Lepage et Wilmotte, rue Rambuteau, 59.
Lepage, frères, r. d'Enghien, 12.
Le Perdriel, r. des Martyrs, 28.
Lépine et Cie, rue des Marais-Saint-Martin, 41.

Lerouge et Cie, rue Meslay, 1.
Leroux, rue Bourtibourg, 12.
Le Roux et Leuret, rue Montmartre, 160.
Leroy, rue Dupetit-Thouars, 20.
Leroy et Turgot, rue des Lions-Saint-Paul, 5.
Lescuyer fils et Cie, passage Chausson, 5.
Leser, jeune, faubourg Montmartre, 17.
Lesne-Henneron, rue Montmartre, 46.
Lespérut fils aîné, rue d'Enghien, 8.
Leuba et Cie, rue d'Enghien, 12.
Leuhe, quai Valmy, 257.
Leunenschloss, rue de la Fidélité, 15.
Levasseur, rue du Croissant, 18.
Leverd, Guiot et Cie, rue de la Douane, 5.
Levillain, frères, rue des Vieilles-Haudriettes, 5.
Levois, rue Paradis-Poissonnière, 51.
Lévy, rue du Sentier, 17.
Lévy (D. et E.), rue Neuve-Saint-Merri, 5.
Lewy et Cie, rue Hauteville, 54.
Lheureux, rue Montorgueil. 76.
Lhelrin-Meynard, boulevard des Italiens, 19.
Lhote aîné, rue Favart, 18.
Liesse et Cie, r. d'Anjou-Marais, 6.
Lièvre-Morhange aîné, rue Montorgueil, 71.
Lilienthal, boul. du Temple, 18.
Limozin, rue de l'Echiquier, 17.
Liot, Otto et Petsche, rue de l'Echiquier, 38.
Locquet-Charenton, rue de la Douane, 5.
Lohse, rue de Bondy, 38.
Longuet aîné, r. de l'Eperon, 8.
Loonen, rue des Filles-du-Calvaire, 15.
Lopez, Guénet et Cie, rue Bergère, 11.
Lorin, r. du Cloître-St-Merri, 6.
Lony, rue Malher, 15.

Lotmar et fils, rue de l'Echiquier, 58.
Loubière, passage Saulnier, 8.
Lowe frères et Schwab, rue des Marais-Saint-Martin, 20.
Lowenstein, rue de Lancry, 14.
Lucassen, rue Hauteville, 58.
Lundquist et Cie, rue Charlot, 71.
Lucquin, Claha et Cie, rue Vendôme, 7.
Lunet, rue Saint-Maur-Popincourt, 196.
Luther, rue d'Enghien, 39.
Luychx et Niellon, r. Meslay, 65.
Lyon et Cie, r. Montmartre, 158.
Lyottier (V^e), rue St-Martin, 509.
Machenaud, r. Michel-le-Comte, 30.
Maciejowski, r. Bourtibourg, 12.
Magen, rue des Fossés-Montmartre, 11.
Magnier, rue Neuve-Saint-Eustache, 16.
Magny et Cie, faub. St-Antoine, 81.
Maillet aîné, rue Vendôme, 22.
Malaingre, rue de Lancry, 5.
Malavois, faub. Poissonnière, 54.
Mange, rue Meslay, 29.
Manini, rue Hauteville, 55.
Mansoz, frères, rue d'Enghien, 21.
Marcan, r. des Petites-Ecuries, 42.
Marchais et Lamontagne, rue Saint-Joseph, 12.
Marchand-Duchaume, rue d'Angoulême-du-Temple, 21.
Marchand et Fano, rue de la Banque, 18.
Marchand, rue Montholon, 28.
Marchandise, r. Saint-Denis, 80.
Marcus, rue de Bondy, 74.
Mareschal et Bernard, rue Neuve-Saint-François, 16.
Mariage, rue de la Verrerie, 11.
Maricot et Fermepin, rue Fontaine-Molière, 41.
Marié, faub. Saint-Antoine, 29.
Marre, rue Mauconseil, 20.
Marteaux, rue Vivienne, 48.
Martin, rue Montmartre, 1 et 14.
Martin et Cie, faubourg Poissonnière, 25.
Martin et Emile Royer, rue Richelieu, 79.

MARVILLE, rue Saint-Paul, 52.
MARX frères, rue d'Enghien, 44.
MARX (L.), rue Michodière, 12.
MARX, rue Rivoli, 80.
MARZIOU et C'°, place de la Bourse, 10.
MAS, BAUDISTEL et C'°, rue d'Enghien, 50.
MASSE-LE MOULLE, passage Saulnier, 6.
MATHIAS, rue Hauteville, 52.
MATI, rue Meslay, 19.
MAUMÈNE, rue des Lions-Saint-Paul, 6.
MAURY, rue des Bourdonnais, 19.
MAUS, rue Saint-Fiacre, 5.
MAY, rue des Petites-Écuries, 46.
MAYER, rue Sainte-Apolline, 6.
MAYER et BOUSSAT, r. Boucher, 4.
MAYOU et CHANDLER, r. St-Marc, 14.
MAZAR, CLAVEL, CRUX et OLIVETTI, rue Paradis-Poissonnière, 42.
MAZET, r. N.-D.-de-Nazareth, 51.
MAZZA, rue Saint-Joseph, 4.
MEAN, rue Neuve-des-Bons-Enfants, 17.
MÈGE et C'°, passage Saulnier, 17.
MEISSONIER, rue Vendôme, 19.
MELHER et QUENTIN, rue de Trévise, 28.
MELLIER, rue Richer, 5.
MEMAIN, rue de la Chaussée-d'Antin, 23.
MENARD, rue Rivoli, 61.
MENDEL, rue de Trévise, 11.
MENDES DE CARVALHO et C'°, rue Neuve-Saint-Augustin, 11.
MENDEZ, rue Hauteville, 53.
MENGA, ROGER et C'°, rue des Marais-Saint-Martin, 46.
MÉNIER, MEGNIEN et C'°, rue des Billettes, 12.
MENSSING et LEVÉE, rue Saint-Martin, 210.
MENU, rue Castex, 15.
MERCIEUL, rue des Petites-Écuries, 9.
MERKUS, NUWENDHAM et C'°, rue des Juifs, 16.
MÉRIOT, rue des Fossés-Montmartre, 10.
MERMILLIOD, rue Saint-Denis, 319.

MERSIÉ et CHENU, rue du Conservatoire, 15.
MESSAGER, rue des Jeûneurs, 46.
MESSIER fils, rue Vendôme, 15.
MESTDAGH, place de la Bourse, 8.
MEUNIER (Louis), boul. Beaumarchais, 109.
MEUNIER (Ch.), rue Paradis-Poissonnière, 2 bis.
MEYER J.), rue Sainte-Croix-la-Bretonnerie, 24.
MEYER (J. M.) et C'°, rue d'Enghien, 19.
MEYER, rue des Marais-Saint-Martin, 65.
MEYER (H.), rue du Sentier, 18.
MEYER (M.), rue Thévenot, 27.
MEYRUEIS et C'°, r. de Rivoli, 174.
MICCIO, rue de Trévise, 17.
MICHAELIS et SCHUSTER, rue de Mulhouse, 2.
MICHAUD et PRÉLIG, rue Hauteville, 13.
MICHAUX (V°), rue du Four-Saint-Honoré, 9.
MICHELSON, rue de Bondy, 46.
MILL et GAUTIER, rue du Mail, 27.
MILLESCAMPS et C'°, rue Croix-des-Petits-Champs, 23.
MILLET et PONTREMOLI, rue des Bons-Enfants, 30.
MILLION, GUIET et C'°, rue Montholon, 26.
MILLET et C'°, faubourg Poissonnière, 52.
MINVIEILLE, rue Amelot, 70.
MIR et fils, rue Michodière, 12.
MITJANS et C'°, boulev. de Strasbourg, 26.
MOES, rue de l'Échiquier, 19.
MOGIS, rue Thévenot, 14.
MOIGNET, r. de l'Homme-Armé, 7.
MOITESSIER, rue d'Enghien, 12.
MONCHICOURT frères, rue Quincampoix, 46.
MONET et CHARRETON, rue Grange-Batelière, 16.
MONFRANT, rue des Marais-Saint-Martin, 81.
MONOD fils, rue des Écouffes, 25.
MONTANÉ et C'°, rue Taitbout, 81.
MONTANT, r. N.-D.-des-Victoires 26.

MONTIGNY et MANNE, place de la Bourse, 8.

MORAND et Louis DAINE, rue Mauconseil, 16.

MORÉ, rue d'Arcole, 2 bis.

MORESCO, jeune, rue de la Douane, 15.

MORIS, frères, r. Rougemont, 15.

MORIZOT, r. de l'Homme-Armé, 7.

MORSTADT, petite rue Saint-Pierre-Amelot, 24.

MOSCHNER, rue des Marais-Saint-Martin, 50.

MOSSY, r. des Blancs-Manteaux 23.

MOULE, ASTIER et Cie, rue du Conservatoire, 8.

MOUSIS, r. des Petites-Écuries, 55.

MOUTON et FOUET, rue des Ecouffes, 20.

MULLER, frères, r. de Lancry, 10.

MULLER (F. et Ch.), rue du Sentier, 29.

MULLIER, DOVAL et Cie, rue N.-D.-de-Nazareth, 58.

MULLOT, r. des Bourdonnais, 12.

MURATORE, PONSIN et Cie, rue Laffitte, 9.

NACHMAN (A.), r. Montmartre, 77.

NACHMAN (S.) et fils aîné, rue Vendôme, 25.

NAMSLAUER et Cie, r. Montyon, 11.

NATHAN et HERNSHEIM, jeune, rue des Blancs-Manteaux, 58.

NAUDINAT, rue de la Cité, 19.

NAYLER, faub. Montmartre, 17.

NECKARSULMER, passage Chausson, 5.

NÉE, rue Saint-Martin, 8.

NENNING et Cie, faub. St-Martin, 48.

NEU, rue de Bondy, 66.

NEUBERGER, rue Vivienne, 4.

NEUMANN, passage Saulnier, 17.

NEUSCHELLER et Cie, boulevard de Strasbourg, 24.

NICOLLE, frères, r. Rambuteau, 17.

NICQUET, FAROUX et SCHUWIRTH, boulevard Poissonnière, 14.

NOUETTE-DELORME, rue Coquillière, 10.

OHRETCH frères, rue Pavée-Marais, 11.

OGIER et KOLB, rue Charlot, 9.

OLIVA, rue de l'Université, 26.

OLIVE, rue Pont-aux-Choux, 16.

OLIVEIRA et Cie, rue Bleue, 17.

OLIVIER, PERSONNAZ et LAMAIGNÈRE, rue Hauteville, 52.

OLIVIER aîné, quai St-Michel, 19.

OLLER-CHATARD, r. de Mulhouse, 9.

OPPENHEIM et HENRY, r. Richer, 24.

ORBELIN et POYDENOT, rue de l'Echiquier, 17.

ORHTMANN et Cie, place de la Bourse, 5.

ORIAC, rue Neuve-Bréda, 23.

ORTENBACH, rue des Jeûneurs, 6,

ORTH, rue de la Grande-Truanderie, 50.

OTT, faubourg Poissonnière, 12.

OUDIN et Cie, rue des Marais-Saint-Martin, 20.

PAGÈS, rue Hauteville, 66.

PAILLARD, rue Culture-Sainte-Catherine, 26.

PAILLET et F. FILLE, r. Martel, 19.

PALICARAKI, rue d'Enghien, 19.

PANNIFEX, rue de Clichy, 47.

PARISOT, rue Saint-Fiacre, 19.

PARZUDAKI, rue du Bouloi, 2.

PASCHE et Cie, cité Trévise, 18.

PASQUIER, faub. Saint-Honoré, 33.

PASSAUT et GARIMOND, rue de Jarente, 4.

PASSEMARD et Cie, r. Payenne, 11.

PASTOR, cité Trévise, 5.

PATRON-LEBLANC, r. Richelieu, 92.

PATRU, r. Paradis-Poissonnière 16.

PAUILLAC et BADOUILLEAU LE VILAIN, rue Hauteville, 20.

PAUPHILET et frère, rue du Château-d'Eau, 22.

PAVY aîné, rue Valois-Palais-Royal, 8.

PECCATTE, rue Saint-Denis, 178.

PECHARD, jeune, rue Neuve-Saint-Paul, 8.

PECQUEUR-SALOMON, rue du Temple, 15.

PEDONE-LAURIEL et Cie, rue des Beaux-Arts, 5.

PEDRO, BOSCH et PUIG, rue Richer, 46.

PELTIER, rue d'Enghien, 51.

PELTIER (A.), r. Montmartre, 12.

Penel et Redier, rue des Fossés-Montmartre, 2.
Percot, rue de Bondy, 58.
Pereira, faub. Poissonnière, 153.
Permezel, r. Pont-aux-Choux, 16.
Perpey et Cie. rue Madame, 45.
Perraud, jeune, rue d'Anjou (Marais), 13, 15 et 17.
Perrenoud et Nicoud, rue Grenelle-Saint-Honoré, 45.
Perretier, rue du Temple, 175.
Perrin, rue Grenelle-Saint-Honoré, 50.
Perroncel aîné, boul. Sébastopol, 15.
Pestre, rue Bonaparte, 6.
Petel, rue Saint-Martin, 278.
Petel, rue Culture-Sainte-Catherine, 50.
Petit (J.), rue Meslay, 22.
Petit (Th.), rue Montmartre, 150.
Petit (C. E.), rue Paradis-Poissonnière, 57.
Petite et Chapu, r. St-Martin, 8.
Peyrère, rue de Bondy, 82.
Peyrouse aîné, rue Suger, 18.
Pfeiffer, passage Saulnier, 13.
Picard et Cie. rue Neuve-Saint-Eustache, 24.
Picard fils, imp. Mazagran, 8.
Picard, r. N.-D.-de-Nazareth, 50.
Pickard et Punat, rue Pont-aux-Choux, 17.
Pierre, rue de Lancry, 17.
Pinède, rue Richer, 13.
Pinel, faub. Saint-Martin, 55.
Pion, place de la Bourse, 9.
Pipaut, rue Hauteville, 12.
Piquet, rue de Saintonge, 4.
Piston, rue d'Enghien, 16.
Pitrat, faub. Poissonnière, 32.
Plainchamp, passage des Petites-Écuries, 5.
Plançon, rue Neuve-des-Bons-Enfants, 25.
Planker, rue du Grand-Chantier, 10.
Plassard, père, rue Saint-Louis (Marais), 67.
Platzmann, boul. du Temple, 11.
Pochat, rue de Marseille, 1.
Podreider, rue Buffault, 16.

Pogianti et Cie, r. des Halles, 6.
Poirier et Cie, rue de Bondy, 24.
Poirot, rue Saint-Denis, 374.
Poisson et Cie, rue Richer, 20.
Poisson, r. N.-D.-de-Nazareth, 50.
Pollack, faub. Poissonnière, 8.
Pollonais et Clément, rue Neuve-des-Bons-Enfants, 5.
Poncet et Bodin, rue du Caire, 9.
Ponson, Philippe et Vibert, rue Richer, 23.
Ponte, frères et Cie, rue de Trévise, 39.
Ponti et Duervillez, r. Charlot, 62.
Posso (Léon) et Sallaberry, rue Meslay, 52.
Potier, rue des Deux-Portes-Saint-Jean, 6.
Potonié et Cie, rue Neuve-Saint-François, 5.
Pouget, rue des Vieux-Augustins, 16.
Pouille, rue Vieille-du-Temple, 118.
Poulet et Cie, rue de l'Échiquier, 17.
Poullain frères, r. Bergère, 25.
Poutrel et Corneau, rue Richer, 26.
Povel et Malher, rue Hauteville, 25.
Puetto et Cie, faub. Poissonnière, 11.
Prevost, rue Saint-Honoré, 3.
Phiquelen, rue Meslay, 45.
Pritchard et Monneron, rue Drouot, 10.
Prouvèze, r. des Tournelles, 47.
Pussey, place de la Bourse, 5.
Quijano, rue Cadet, 19.
Quillet-Hannotin, rue de la Douane, 14.
Quillé et Setty, r. des Juifs, 20.
Rabasse, r. Vieille-du-Temple, 26.
Rafard, cité Trévise, 1.
Ranguet, rue Saint-Anastase, 7.
Rautmann et Oosterlinck, rue Buffault, 1.
Ravaut, passage Saulnier, 6.
Ravier, rue Saint-Sauveur, 20.

Ravoux-Dorban, rue de la Grande-Truanderie, 41.
Raynaud, rue Saint-Joseph. 8.
Raymond et Cie, rue de Bondy, 70.
Rebstock, boul. Saint-Martin. 25.
Recalt, rue Saint-Claude (Marais), 5.
Recart, rue de Trévise, 42.
Redfern, rue de la Paix, 8.
Redon frères, boulev. du Temple, 11.
Regnier, r. Vieille-du-Temple, 50.
Reinwald, r. des Sts-Pères, 15.
Remière, rue de l'Arbre-Sec. 52.
Renard (Éd.), boul. Bonne-Nouvelle, 10.
Renard, rue des Rosiers, 17.
Renault, rue J.-J.-Rousseau. 15.
Renon jeune, rue de Rivoli, 68.
Renouard d'Adrien, rue de l'Echiquier, 17.
Respaldiza, rue de la Ferme-des-Mathurins, 56.
Rey (André), rue Rossini, 5.
Revillon-Jancke, r. de Rivoli, 81.
Rheins, rue Saint-Martin, 274.
Richard, rue Richer. 22.
Richard et Tinturier, rue Albouy, 11.
Richebois et André, rue Saint-Anastase, 15.
Rider et Cie, faub. St-Martin, 57.
Riecke et fils, r. Phelippeaux, 17.
Rieffel, rue d'Enghien, 56.
Rigdex, r. du Château-d'Eau, 52.
Rimalho, rue Charlot, 51.
Ringuet-Leprince, r. de la Paix, 5.
Rion fils, rue de Bondy, 66.
Rixem frères, rue du Sentier, 28.
Robbe, r. N.-D.-de-Nazareth, 52.
Robbiati, rue Portefoin, 14.
Robert frères, r. de Lancry, 17.
Robert (D.), rue Vendôme, 8.
Robert (P.), rue du Sentier, 29.
Robles, rue de la Victoire, 86.
Roca, rue Hauteville, 61.
Rochon aîné, boul. de Sébastopol, 39.
Rocquelin, r. Neuve-St-Paul, 12.
Rodrigues et Cie, r. de Trévise, 57.
Rodriguez et Cie, faub. Poissonnière, 40 *bis*.

Roelen et Cie, r. de l'Échiquier, 26
Roessler, r. des Figuiers-Saint-Paul, 1.
Rognon (Ve) et fils, rue Culture-Sainte-Catherine, 26.
Roisin et Blanchard, rue des Petites-Ecuries, 15.
Roland et Furner, r. de Bondy, 22.
Rolland, rue Vendôme, 18.
Rollin, quai des Ormes, 8.
Romieu, cité Trévise, 10.
Roquet, rue de Trévise, 45.
Rosa et Bouret, rue de Savoie, 5.
Roscher, rue des Petites-Ecuries, 41.
Rosambert-Berthier, rue Charlot, 57.
Rosenbaum, rue Favart, 18.
Rosenthal, rue de l'Echiquier, 4.
Rosenthal et Cie, faub. Poissonnière, 29.
Rosenwald aîné, r. Vendôme, 16.
Rossi, rue du Temple, 159.
Rossolin frères, rue des Marais-Saint-Martin, 71.
Roujon frères, rue Vendôme, 15.
Rocllier, rue de l'Echiquier, 40.
Roumiec, rue Mauconseil. 18.
Rousée et Bicheron, r. Culture-Sainte-Catherine, 46.
Rousseau, rue Richer, 26.
Rousselet, rue de Saintonge, 45.
Rousselon et Badenier, rue Meslay, 58.
Roux, boul. Beaumarchais, 26.
Rouy, rue de Braque, 5.
Rouyer, de l'Epinay et Cie, rue de Bondy, 66.
Rouzaud, rue de l'Échiquier, 28.
Royer, rue de Bondy, 46.
Rungaldier, rue Chapon, 42.
Sachs frères et Cie, rue Hauteville, 3.
Saglieu, rue des Jeûneurs, 42.
Saigey, rue Bergère, 29.
Sainctelette, faubourg Poissonnière, 169.
Sainte-Marie, rue des Fossés-Montmartre, 27.
Sallinger. passage Saulnier, 25.
Salmon et Pearce, rue des Filles-Saint-Thomas, 5.

SANDEMOY et LABBE, rue Neuve-Saint-François, 4.
SAXONER fils, r. Vieille-du-Temple, 75.
SAXONER frères, r. Aumaire, 40.
SARCHON, rue du Ponceau, 9.
SARGENT et Cie, rue Lavandières-Sainte-Opportune, 10.
SARRETTE, passage Saulnier, 17.
SAVARY et Cie, passage des Petites-Ecuries, 22.
SAVOYE frères et Cie, rue Grenelle-Saint-Honoré, 19.
SCHEFFTER et Cie, rue Cadet, 9.
SCHEIDEL et ENDLICH, rue de Braque, 2.
SCHENCK, rue Richer, 24.
SCHUBENER, rue d'Enghien, 45.
SCHIRP, rue Rambuteau, 65.
SCHLOSS, rue Vendôme, 22.
SCHLOSS et Cie, rue Paradis-Poissonnière, 27.
SCHMIDT frères, rue Richer, 20.
SCHMIEDEN, faub. Poissonnière, 8.
SCHNEIDER (B.), cour des Petites-Ecuries, 11.
SCHNEIDER (L.), r. St-Fiacre, 18.
SCHNERB et NETTER, rue Vendôme, 20.
SCHOELLER, r. de l'Echiquier, 18.
SCHOTE et Cie, rue de Malte, 12.
SCHOTTLANDER, rue Michel-le-Comte, 14.
SCHULZ et THUILLIÉ, r. de Seine 12.
SCHWABACHER, rue d'Enghien, 16.
SCHWABE et GURTH, boul. Poissonnière, 24.
SCHWALBÉ, rue Saint-Bon, 8.
SCHWOB, rue Beauregard, 8.
SCOLARO, r. du Petit-Carreau, 13.
SCOURLOWSKI, r. de Nemours, 17.
SÈCHES (D. et Ch.), rue Hauteville, 53.
SECRETAN, rue Meslay, 35.
SEELIG et GEIGER, rue Richer, 54.
SENET et TOULOUSE, r. des Francs-Bourgeois (Marais), 7.
SERRE, rue Beautreillis, 14.
SERRE (J.), rue des Singes, 4.
SERVIAN, rue Paradis-Poissonnière, 56.

SICHEL et BOLENE, passage Saulnier, 9.
SIGLÉ, rue Rambuteau, 22.
SIMON (L.), rue des Blancs-Manteaux, 59.
SIMON (G.), rue Richelieu, 70.
SIMON (A.), rue des Petites-Ecuries, 7.
SINNETT, rotonde Colbert, 10.
SISLEY, passage Violet, 1.
SLATER, rue Neuve-Saint-Augustin, 11.
SOANE, rue Lamartine, 27.
SORET, faub. Saint-Martin, 91.
SOREL, faub. Poissonnière, 41.
SOUCHIER, rue Saint-Denis, 158.
SOUILLART, rue du Pont-Louis-Philippe, 16.
SOULAT, rue Taranne, 7.
SOUPPLET et GAILLARD, rue Saint-Denis, 186.
SOURY, r. des Petites-Ecuries, 9.
SOYER, rue du Dauphin, 10.
SPALDING, rue de la Banque, 16.
SPECHT, faub. Saint-Martin, 59.
SPEGER, rue d'Enghien, 58.
SPIRA, rue de Rivoli, 150.
SPIRE, rue Charlot, 7.
SPIRO, rue des Marais-Saint-Martin, 48.
SPITZER, rue Mazagran, 10.
STERCKEMANN et PEREZ, rue du Cloître-Saint-Merri, 4.
STRASBURGER et Benoit, rue des Francs-Bourgeois (Marais), 14.
STAREZ, r. des Petites-Ecuries, 55.
SUTTON et CHARBONNÉ, rue Saint-Pierre-Montmartre, 11.
SUZOR, rue Neuve Saint-Merri, 5.
TALAMON, faub. Poissonnière, 61.
TARDIF, r. des Petites-Ecuries, 8.
TASTET, rue Choiseul, 10.
TEISSET, rue des Jeûneurs, 6.
TELLIER et BAILLY, r. Pernelle, 7.
TERRAY et Cie, r. Montmartre, 169.
THÉBAULT-NOLLET, r. de Seine, 55.
THÉBAULT, rue Réaumur, 3.
THEISEN, rue des Marais-Saint-Martin, 44.
THEZARD aîné, rue Rivoli, 166.
THÉZARD jeune, quai Voltaire, 11
THIBAULT, petite rue de Reuilly 22

Toonson, r. Vieille-du-Temple, 85.
Thomas, rue Moncey, 16.
Thompson, rue Mazagran, 18
Thouron, rue Mandar, 5.
Thürenberg, rue Ste-Apolline, 7.
Tiffany, Read et Cie, rue Richelieu, 79.
Tilemann et Cie, r. Neuve-Bourg-l'Abbé, 8.
Tillmann et Flobert, passage Violet, 4.
Tilly, passage Violet, 10.
Timet, rue de la Michodière, 4.
Tissot, rue de Dunkerque, 82.
Torchiana et Hendriks, r. Neuve-Saint-Eustache, 14.
Tordeux et Cie, faub. Poissonnière, 21.
Touaillon jeune et Cie, rue Coquillière, 8.
Tourasse, rue Saint-Marc-Feydeau, 6.
Tournier, rue Vieille-du-Temple, 106.
Touzé, rue de Seine, 6.
Transon-Piault, r. St-Denis, 229.
Trapet et Heiligenthal, rue des Petites-Ecuries, 20.
Tresse, rue Buffon, 69.
Trilha, rue Saint-Fiacre, 18.
Treel et Delavergne, rue Thévenot, 19.
Tucker, place de la Bourse, 8.
Tuffier, rue Saint-Denis, 148.
Tueffot, rue Ménilmontant, 57.
Vacossin, rue Beaubourg, 55.
Vacquand, r. des Bourdonnais, 16.
Valet, r. du Grand-Chantier, 12.
Valette et Cie, rue de l'Echiquier, 52.
Valkenhuysen et Cie, rue d'Enghien, 8.
Valin, rue d'Enghien, 28.
Vallet et Eloy, rue St-Antoine, 110 *bis*.
Vallet et Pavie, rue d'Anjou (Marais), 11.
Vallet, boul. de Sébastopol, 47.
Van Beren, r. de la Pompe, 29.
Van Bever et Cie, rue Pernelle, 1.
Vandlotaque, r. St-Jacques, 174.
Vandeco-Seixas, cité Trévise, 18.

Vanderblam et Weil, rue N.-D.-de-Nazareth, 59.
Vandelil, rue N.-D.-de-Nazareth, 52.
Vanhoogenbroeck, rue St-Louis (Marais,) 76.
Van Langenhove, rue de Londres, 29.
Varnier, rue St-Denis, 245.
Vassal fils, rue Française, 2.
Vassel, rue Vendôme, 12.
Vasseur, rue Montmartre, 57.
Vasson, rue Mondétour, 25.
Vattrué, rue Aumaire, 47.
Vauthier, b. Poissonnière, 25.
Vazille et Landauce, rue St-Louis (Marais), 101.
Venerandi, r. St-Sauveur, 22.
Verdavainne, rue de Cléry, 17.
Verdier frères et Kaindler frères, rue Vendôme, 24.
Vergeu, rue St-Antoine, 205.
Verillon, rue du Cloître-St-Jacques, 8.
Vermond et Destable, rue des Juges-Consuls, 5.
Vermorel, rue des Francs-Bourgeois (Marais), 14.
Veyrier fils et Cie, rue d'Enghien, 15.
Vichor, rue des Rosiers, 42.
Vidal frères, rue du Conservatoire, 6.
Vidal et Cie, rue d'Enghien, 9.
Vital-Focquenon, boulevard de Strasbourg, 36.
Vie, rue du Pont-Louis-Philippe, 16.
Vilain, rue des Marais-St-Martin, 50.
Villepontoux, r. d'Enghien, 44.
Vimard, rue de Rivoli, 180.
Vincendon, rue Bergère, 25.
Vogel et Cie, f. Poissonnière, 9.
Vogt (Ch.), rue Albouy, 18.
Vogt (F.), rue Lafayette, 9.
Vollant, faub. St-Martin, 163.
Wahl, rue Meslay, 48.
Wainwright et Cie, faubourg Montmartre, 13.
Wallaere, rue Coquillière, 12.

WALLERSTEIN, MASSET et C°°, faubourg Poissonnière, 11.

WALLERSTEIN et KUNST, rue de Trévise, 28.

WARAMBON, BERNON, rue des Deux-Portes-St-Sauveur, 18.

WERHY, cité Trévise, 7.

WEIDENBACH et C°°, rue de Trévise, 55.

WEIL et C°°, rue d'Enghien, 7

WEINSCHENK, rue des Vieilles-Haudriettes, 3 et 5.

WEISS, faub. Poissonnière, 52.

WERLÉ, faub. St-Martin, 41.

WIENRICH, rue de l'Échiquier, 16.

WINTER MIDDELHORFF et C°°, rue de Malte, 60.

WOHLFART frères, rue Martel, 14.

WOLDEIM, rue St-Georges, 6.

WYBER, rue Vivienne, 8.

ZAHN, passage Chausson, 5.

ZAPFLE, rue Montmartre, 155.

ZILZ, rue d'Enghien, 10.

ZIMMERN et Mohr, r. de Bondy, 9.

POSTE AUX CHEVAUX.

Bureaux, 2, rue Pigalle.

On ne peut avoir de chevaux de poste sans passe-port.

DÉBITS DE PAPIER TIMBRÉ.

1er ARRONDISSEMENT.	Faubourg St-Honoré, 6.
—	Rue St-Honoré, 205.
—	Rue Basse-du-Rempart, 21
—	Rue Miroménil, 5.
2e ARRONDISSEMENT.	Rue des Moineaux, 14.
—	Rue Papillon, 4.
—	Rue Montyon, 7.
—	Rue Rameau, 15.
—	Rue de la Sourdière, 12.
3e ARRONDISSEMENT.	Cour des Petites-Écuries, 16.
—	Rue Mandar, 9.
—	Rue de Mulhouse, 2.
4e ARRONDISSEMENT.	Rue de l'Arbre-Sec, 22.
—	Rue Boucher, 5.
—	Rue du Roule, 14.
—	Rue du Bouloi, 17.
—	Rue des Bons-Enfants, 22.
5e ARRONDISSEMENT.	Faubourg St-Martin, 6.
—	Rue du Petit-Carreau, 12.
—	Rue des Marais-St-Martin, 78.
—	Rue St-Denis, 227.
6e ARRONDISSEMENT.	Rue de Cléry, 74.
—	Rue Réaumur, 29.
—	Rue Folie-Méricourt, 50.
—	Rue St-Martin, 229.
—	Rue St-Martin, 504.

7° ARRONDISSEMENT.	Rue du Temple, 25.
—	Rue du Pont-Louis-Philippe, 20.
—	Rue de la Poterie-des-Arcis, 26.
8° ARRONDISSEMENT.	Rue Culture-S¹ᵉ-Catherine, 17.
—	Rue de la Roquette, 18.
9° ARRONDISSEMENT.	Quai de la Tournelle, 11.
—	Boulevard Bourdon, 15.
—	Rue Lesdiguières, 17.
10° ARRONDISSEMENT	Rue Furstemberg, 5.
—	Passage S¹ᵉ-Marie, 5.
—	Rue de Sèvres, 63.
11° ARRONDISSEMENT.	Quai des Grands-Augustins, 51.
—	Rue des Grès, 9.
—	Rue des Canettes, 15.
—	Rue de la S¹ᵉ-Chapelle, 9.
12° ARRONDISSEMENT.	Place S¹-Victor, 26.
—	Rue Saint-Jacques, 59.

CONSERVATION DES HYPOTHÈQUES.

Rue Paradis-Poissonnière, 40.

PALAIS, MUSÉES ET MONUMENTS.

Palais des Tuileries, place du Carrousel. Résidence de Sa Majesté l'Empereur.

Palais du Louvre, ouvert au public le dimanche de 10 à 4 heures, et tous les jours de la semaine à l'exception du lundi, aux étrangers munis de passe-port. On y remarque les musées des tableaux des écoles Française, Italienne, Flamande et Espagnole, le musée des antiques, le musée égyptien, le musée de la sculpture moderne et de la renaissance, le musée des souverains, le musée de la marine, le musée ethnographique et le musée des dessins et chalcographie.

Palais du Luxembourg, rue de Vaugirard, 19. La galerie des tableaux des artistes vivants est ouverte au public le dimanche de 10 à 4 heures, et tous les jours de la semaine, excepté le lundi, aux étrangers munis de passe-port.

Palais du Corps législatif, rue de l'Université, 126. Pour visiter le palais on doit s'adresser à la questure.

Hôtel des Invalides. Le public est admis à visiter le tombeau de l'empereur Napoléon et l'intérieur de l'hôtel tous les lundis de midi à 5 heures ; les étrangers munis de passe-port sont admis tous les jeudis.

École militaire, servant de logement au général commandant la garde impériale, et de caserne à divers corps d'infanterie, de cavalerie et d'artillerie de cette garde. Le Champ-de-Mars, qui s'étend de l'École militaire au pont d'Iéna, est réservé pour les manœuvres des régiments et pour les grandes revues militaires.

Palais de l'Élysée, rue du Faubourg-Saint-Honoré. Résidence impériale.

Palais-Royal, résidence du prince JÉRÔME, oncle de l'Empereur.

Église Notre-Dame, église cathédrale de Paris.

Église de la Madeleine, remarquable par sa magnifique décoration.

Église Saint-Germain-l'Auxerrois, une des merveilles gothiques de Paris.

Le Panthéon. Visible tous les jours de 10 à 4 h., en payant une légère rétribution au gardien qui fait voir les caveaux. Il ne faut pas négliger de visiter le dôme, du haut duquel on jouit d'une perspective immense.

Hôtel de Ville, résidence du Préfet de la Seine. Les salles de réception sont visibles tous les jeudis de midi à 4 h.

Palais de Justice. Les salles d'audience sont ouvertes tous les jours au public, la Sainte-Chapelle n'est ouverte que les lundis de midi à 4 h.

Hôtel des Monnaies, quai Conti, 11. Le musée monétaire est ouvert au public les mardis et vendredis de midi à 5 h.; les ateliers ne sont visités qu'avec une permission du Directeur.

Palais de l'Institut, quai Conti, 23. On peut visiter les bâtiments en s'adressant au concierge.

Palais des Beaux-Arts, rue Bonaparte. Pour visiter le Palais, s'adresser au concierge.

Palais du quai d'Orsay, rue de Lille, 62. Ce palais est occupé par le Conseil d'État et par la Cour des Comptes. On peut le visiter en s'adressant à l'agent surveillant.

Hôtel de la Bibliothèque impériale, rue Richelieu. Ouvert au public les mardis et vendredis de 10 à 5 h.

Conservatoire des Arts et Métiers, rue Saint-Martin, 292. Ouvert au public les dimanches et jeudis de 10 à 4 h.

Archives de l'Empire, rue Paradis-du-Temple, 40. Ouvert tous les jours non fériés de 10 à 5 h.

Observatoire, rue Cassini. Ouvert au public de 9 à 4 h. Pour visiter la salle des instruments, il faut une permission d'un des astronomes attachés à l'établissement.

Manufacture des Gobelins, rue Mouffetard, 224. Visitée les mercredis et samedis de 2 à 4 h. sur permission du Ministre d'État.

Cabinets de minéralogie, rue d'Enfer. 50. Ouverts au public les mardis, jeudis et samedis de 11 à 5 h.

Musée d'artillerie, place Saint-Thomas-d'Aquin, 1. Ouvert au public le jeudi de midi à 4 h., avec une permission du président du Comité de l'artillerie.

Musée d'histoire naturelle, au Jardin des Plantes. La ménagerie est visible tous les jours de 11 à 4 h., les cabinets sont ouverts au public les dimanches, mardis et jeudis de 2 à 5 h.

Palais des Thermes et Musée de Cluny, rue des Mathurins-Saint-Jacques, 12 et 14. Ouverts au public les dimanches de midi à 4 h.

Arc de triomphe du Carrousel, sur la place de ce nom.

Arc de triomphe de l'Étoile, à la barrière de ce nom. On y monte tous les jours en s'adressant au gardien.

Porte Saint-Denis, boul. et rue de ce nom.

Porte Saint-Martin, boul. et rue de ce nom.

Tour Saint-Jacques-la-Boucherie, rue de Rivoli. On y monte tous les jours en s'adressant au gardien.

Colonne de la place Vendôme. Pour y monter, s'adresser au gardien.

Obélisque de Louqsor, place de la Concorde.

Colonne de Juillet, place de la Bastille. Pour y monter, s'adresser au gardien.

Monument de Louis XVI, rue de l'Arcade, 47. Pour le visiter, s'adresser au gardien.

Fontaine des Innocents et Halles centrales.

Palais de l'Industrie, grande avenue des Champs-Élysées.

Catacombes. Principale entrée située dans la cour du pavillon occidental de la barrière d'Enfer.

Imprimerie impériale, rue Vieille-du-Temple, 87. Ouverte le jeudi à 2 h., avec une permission du Directeur.

Cimetières : Montparnasse, ou du Sud; Montmartre, ou du Nord; du Père-Lachaise, ou de l'Est. On y remarque le tombeau d'Héloïse et d'Abélard.

BIBLIOTHÈQUES.

Bibliothèque Impériale, 58, rue Richelieu. Ouverte aux lecteurs tous les jours non fériés, de 10 à 5 heures, et pour les curieux les mardis et vendredis, aux mêmes heures, fermée pendant la quinzaine de Pâques et du 1er au 30 septembre.

Bibliothèque Sainte-Geneviève, 1, place du Panthéon. Ouverte tous les jours non fériés, de 10 à 5 heures, et le soir de 6 à 10 heures : vacances du 1er septembre au 15 octobre.

Bibliothèque Mazarine, 23, quai Conti. Ouverte tous les jours de 10 à 3 heures ; vacances du 1er août au 16 septembre.

Bibliothèque de l'Arsenal, 1, rue de Sully. Ouverte tous les jours non fériés. de 10 à 3 h. ; vacances du 15 sept. au 5 nov.

Bibliothèque de la Sorbonne, 15, rue de la Sorbonne. Ouverte tous les jours de 10 à 3 heures, et de 7 à 10 heures du soir ; vacances du 10 juillet au 25 août.

Bibliothèque de la ville de Paris, à l'Hôtel de Ville. Ouverte tous les jours de 10 à 3 heures ; vacances du 15 août au 30 sept.

THÉATRES.

Opéra, 12, *rue Lepelletier*. Représentations les lundis, mercredis et vendredis ; opéras et ballets. Baignoires d'avant-scène, rez-de-chaussée, avant-scène du foyer, loges du foyer, stalles de balcon, 10 fr. ; stalles d'orchestre, loges d'avant-scène du balcon, stalles d'amphithéâtre, premières de face, avant-scène des premières, 8 fr. ; loges de balcon, loges de galeries, baignoires, 8 fr. ; deuxièmes de face, 6 fr. ; deuxièmes de côté, 4 fr. 50 ; troisièmes de face, 5 fr. 50 ; parterre, 4 fr. ; troisièmes de côté, 2 fr. 50 ; quatrièmes de face, 2 fr. 50 ; amphithéâtre, 2 fr. 50.

Français, 6, *rue Richelieu*. Tous les jours, tragédies, comédies et drames. Balcons, loges de galerie, 6 fr. 60 ; grandes premières, 6 fr. ; orchestre, premières de côté, 5 fr. ; secondes loges, 5 fr. 50 ; galerie des secondes loges, 2 fr. 50 ; troisièmes loges, 2 fr. ; parterre, 2 fr. 50 ; deuxième galerie, 1 fr. 50 ; amphithéâtre, 1 fr.

Italiens, *place Vendatour*. Représentations pendant la saison d'hiver, les mardis, jeudis et samedis. Stalles d'orchestre et de balcon, rez-de-chaussée et premières loges, 10 fr. ; deuxièmes de face, 9 fr. ; deuxièmes de côté découvertes, 8 fr. ; deuxièmes de côté fermées, 7 fr. ; troisièmes loges de face, 6 fr. ; troisièmes de côté découvertes, 5 fr. 50 ; troisièmes de côté fermées, 5 fr. ; quatrièmes loges et parterre, 4 fr.

Opéra-Comique, *place Boïeldieu*. Tous les jours, opéras-comiques. Avant-scène du rez-de-chaussée, avant-scène des loges de la 1re galerie et loges de la 1re galerie de face avec salon, 7 fr. ; fauteuils de balcon, 6 fr. 50 ; premières loges de face, loges de la 1re galerie de face sans salon, fauteuils de la 1re galerie, fauteuils d'orchestre, baignoires de face et de côté, loges de la 1re galerie de côté, 6 fr. ; avant-scène des premières loges et premières loges de côté avec salon, 5 fr. ; premières loges de côté sans salon, 4 fr. ; deuxième galerie et avant-scène de la 2me galerie, 3 fr. ; parterre, 2 fr. 50 ; loges de la 2me galerie de face, 2 fr. ;

loges de la 2me galerie de côté et troisièmes loges, 1 fr. 50; amphithéâtre, 1 fr.

Odéon, *place de l'Odéon*. Tous les jours, tragédies, comédies et drames. Avant-scène des premières loges, 6 fr.; premières loges à salon et avant-scène du rez-de-chaussée, 5 fr ; premières loges de face, 4 fr.; premières loges fermées, premières découvertes et stalles de balcon, 3 fr.; stalles de 1re galerie, premières loges découvertes du 2me rang de face, stalles d'orchestre, avant-scène des deuxièmes et baignoires, 2 fr. 50; deuxièmes loges fermées. 2 fr.; stalles de 2me galerie et stalles de parterre, 1 fr. 50; troisième galerie et avant-scène des 3mes, 1 fr.; troisième amphithéâtre, 0 fr. 75 c.; quatrième amphithéâtre, 0 fr. 50.

Théâtre-Lyrique, 72, *boulevard du Temple*. Tous les soirs, opéras, drames lyriques et ballets. Avant-scène du rez-de-chaussée et avant-scène du balcon, 6 fr ; loges de balcon, 5 fr.; premières loges de face à salon et avant-scène du théâtre, 4 fr. 50; avant-scène des 1res loges et baignoires, 4 fr.; fauteuils de balcon et d'orchestre, 3 fr.; stalles d'orchestre, fauteuils de la 1re galerie et premières loges de côté, 3 fr.; stalles de la 2me galerie, 2 fr.; deuxième galerie et parterre, 1 fr. 50; amphithéâtre, 0 fr. 75.

Vaudeville, 29, *rue Vivienne*. Tous les jours, comédies mêlées de chants et vaudevilles. Avant-scène du rez-de-chaussée et de la galerie, 6 fr.; stalles d'orchestre, de balcon, loges de la galerie, avant-scène des 1res loges et loges fermées du rez-de-chaussée, 5 fr.; stalles de la galerie et baignoires de côté, 4 fr.; premières loges, avant-scène des 2mes et pourtour, 3 fr.; deuxièmes loges, 2 fr. 50; parterre, 2 fr.; deuxième galerie, 1 fr.

Gymnase, 38, *boulevard Bonne-Nouvelle*. Tous les jours, comédies et vaudevilles. Avant-scène et loges d'entre-sol, 6 fr.; fauteuils de balcon, d'orchestre, de 1res galeries et orchestre, 5 fr.; premières loges de face et baignoires, 4 fr.; premières loges de côté, 3 fr.; avant-scène des 2mes loges et stalles d'amphithéâtre des 2mes, 2 fr. 50; deuxièmes loges, avant-scène des 3mes et parterre, 2 fr.; troisièmes loges, 1 fr. 25; deuxième galerie, 1 fr.

Variétés, 7, *boulevard Montmartre*. Tous les jours, comédies mêlées de chants et vaudevilles. Avant-scène des 1res, du rez-de-chaussée et baignoires, 6 fr.; loges du 1er rang, fauteuils de balcon, d'orchestre et première galerie, 5 fr.; loges de 2me rang de face, 4 fr.; loges intermédiaires, 3 fr.; pourtour et loges de 2me rang de côté, 2 fr. 50; parterre, 2me galerie et loges du 3me rang, 2 fr.; deuxième balcon et premier amphithéâtre, 1 fr. 50; deuxième amphithéâtre, 1 fr.

Palais-Royal, 74 et 75, *péristyle Montpensier*. Tous les jours, comédies et vaudevilles. Avant-scène, stalles de balcon, loges de

balcon, de galeries et orchestre, 5 fr.; premier amphithéâtre de
face du rez-de-chaussée, loges de face et avant-scène des 2mes,
4 fr.; premières loges de côté et pourtour, 2 fr. 50; stalles des
5mes loges, 2 fr.; parterre, 1 fr. 50.

Porte-Saint-Martin, 16 et 18, *boulevard Saint-Martin*. Tous
les jours, drames, vaudevilles et féeries. Avant-scène du rez-de-
chaussée, des premières, des deuxièmes avec salon, loges de face
du 1er rang, baignoires et premières loges de balcon, 5 fr.; fauteuils de balcon de face, d'avant-scène et loges de face de la galé-
rie, 4 fr.; fauteuils d'orchestre, 3 fr.; stalles d'orchestre, de la
1re galerie et premières loges découvertes de la galerie, 2 fr. 50;
stalles des secondes, 2 fr.; parterre, secondes loges, avant-scène
des secondes, pourtour du rez-de-chaussée et galerie des 2mes,
1 fr. 50; deuxièmes, 1 fr.; amphithéâtre, 0 fr. 50.

Gaîté, 58, *boulevard du Temple*. Tous les jours, drames, vaudevilles et féeries. Avant-scène des premières, du rez-de-chaussée
et loges de face, 5 fr.; baignoires et fauteuils d'orchestre, 4 fr.;
loges de pourtour et stalles de balcon, 3 fr.; stalles d'orchestre,
2 fr. 50; deuxièmes loges d'avant-scène et stalles des 2mes galeries, 2 fr.; premier amphithéâtre, 1 fr. 50; deuxièmes galeries de
côté, 1 fr. 25; parterre, 1 fr.

Ambigu-Comique, 2, *boulevard Saint-Martin*. Tous les jours,
drames, féeries et vaudevilles. Avant-scène du rez-de-chaussée,
des premières et loges de face des premières avec salon, 6 fr.;
fauteuils du 1er rang des premières et du balcon, 4 fr.; loges
découvertes des premières, fauteuils d'orchestre, des premières et
du balcon, 3 fr.; baignoires grillées, avant-scène des secondes,
loges grillées, secondes de face, stalles d'orchestre, fauteuils des
2mes, 1er rang et fauteuils du pourtour, 2 fr. 50; stalles des 2mes de
face, 2 fr.; stalles du pourtour, avant-scène des 3es et deuxièmes
galeries, 1 fr. 50; avant-scène des 4es et parterre, 1 fr. 25; troisième galerie, 0 fr. 75; quatrième galerie, 0 fr. 50.

Cirque, 66, *boulevard du Temple*. Tous les jours, féeries et pièces
militaires à grand spectacle. Avant-scène des premières et du
rez-de-chaussée, 5 fr.; loges de face, 4 fr.; fauteuils de pourtour
et stalles d'orchestre, 3 fr.; stalles de balcon et baignoires, 2 fr. 50;
orchestre et avant-scène des 2mes, 2 fr.; deuxième galerie, 1 fr. 50;
avant-scène des 3mes, 1 fr. 25; parterre et premier amphithéâtre, 1 fr.

Folies-Dramatiques, 62, *boulevard du Temple*. Tous les jours,
vaudevilles, comédies-vaudevilles et féeries. Avant-scène du rez-
de-chaussée et d'entre-sol, 3 fr.; avant-scène des premières et loges
de face, 2 fr. 50; stalles d'entre-sol, 2 fr.; balcon et avant-scène
des secondes, 1 fr. 50; stalles de galerie, 1 fr. 25; orchestre et

avant-scène des 5mes, 1 fr.; parterre et 1re galerie. 0 fr. 75;
deuxième galerie, 0 fr. 50; troisième galerie, 0 fr. 30.

Délassements-Comiques, 52, *boulevard du Temple*. Tous les
ours, comédies-vaudevilles et pièces féeriques. Baignoires d'avant-
scène de rez-de-chaussée et des 1res, 4 fr.; avant-scène du rez-de-
chaussée, des 1res et fauteuils d'orchestre, 5 fr.; fauteuils de
balcon et premières loges de face, 2 fr. 50; stalles d'orchestre,
loges du 2me étage et stalles du balcon, 1 fr. 50; orchestre, 1 fr.;
stalles de galerie et parterre, 0 fr. 75; galerie, 0 fr. 40; amphithéâtre, 0 fr. 20.

Bouffes-Parisiens, *passage Choiseul*. Tous les jours, pièces
lyriques, opérettes et bouffes. Avant-scène de théâtre, du rez-de-
chaussée, de la 1re galerie et premières loges de face, 5 fr.; premières loges de côté, fauteuils de la 1re galerie et fauteuils d'orchestre, 4 fr.; loges de la 2me galerie, 3 fr.; stalles d'orchestre et
de la 2me galerie, 2 fr.; parterre, 1 fr. 50; deuxième galerie, 1 fr.

Folies-Nouvelles, 41, *boulevard du Temple*. Tous les jours,
chants et pantomimes. Avant-scène du rez-de-chaussée, 5 fr. 50;
avant-scène de la galerie, loges découvertes du rez-de-chaussée,
du balcon et fauteuils d'orchestre et de balcon, 3 fr.; stalles
d'orchestre et de balcon, 2 fr.; stalles de la galerie et orchestre,
1 fr. 50; galerie, 1 fr.; parterre, 0 fr. 75.

Beaumarchais, 25, *boulevard Beaumarchais*. Tous les jours,
vaudevilles, comédies et drames. Galerie de face, 1 fr.; parterre et
balcon des 2mes, 0 fr. 75; premier amphithéâtre, 0 fr. 50; deuxième
amphithéâtre, 0 fr. 30.

Luxembourg, 59, *rue Madame*. Tous les jours, drames, vaudevilles et comédies-vaudevilles. Avant-scène du rez-de-chaussée,
2 fr. 50; fauteuils d'orchestre et des 1res, 2 fr.; stalles et baignoires,
1 fr. 25; 1re galerie, avant-scène des secondes et deuxièmes
loges découvertes, 1 fr.; orchestre et 2me galerie, 0 fr. 75; parterre, 0 fr. 50.

Funambules, 54, *boulevard du Temple*. Tous les jours, pantomimes et vaudevilles. Prix des places : 1 fr. 50, 1 fr. 25, 1 fr.,
75 c., 50 c., 40 c. et 25 c.

Lazari, 50, *boulevard du Temple*. Tous les jours, pantomimes
et vaudevilles. Prix des places : 75 c., 60 c., 50 c., 40 c., 30 c.,
25 c. et 15 c.

Robert-Houdin, 8, *boulevard des Italiens*. Tous les soirs à 8 h.,
physique et prestidigitation. Avant-scène et loges, 4 fr.; stalles et
balcons, 3 fr.; galeries, 1 fr. 50.

Passe-Temps, 12, *boulevard Montmartre*. Tous les soirs à 8 h.,
soirée magique. Loges, 3 fr.; fauteuils, 2 fr.; stalles, 1 fr. 50;
parterre, 1 fr.

Cirque de l'Impératrice, *Champs-Élysées*. Tous les soirs. soirée équestre. Premières, 2 fr.; deuxièmes, 1 fr.

Hippodrome, *Bois de Boulogne*. Pantomimes équestres les mardis, jeudis, samedis et dimanches.

BALS, CONCERTS ET LIEUX DE RÉUNION.

Barthélemy, 20, rue du Château-d'Eau. Bals les mardis, jeudis, samedis et dimanches.

Closerie des Lilas, 9, carrefour de l'Observatoire. Bals les lundis, jeudis et dimanches, d'avril en septembre.

Château des Fleurs, 5, rue des Vignes–Champs-Élysées. Bals les lundis, mercredis, vendredis et dimanches, pendant la saison d'été.

Château-Rouge, chaussée Clignancourt. Bals les dimanches, lundis et samedis.

Elysée des Arts, 15, boulevard Bourdon. Bals les dimanches, lundis, jeudis et samedis.

Mabille, 87, avenue Montaigne. Bals les mardis, jeudis, samedis et dimanches, pendant la saison d'été.

Prado, 4, place du Palais-de-Justice. Bals les lundis, jeudis et dimanches, de septembre à avril.

Concerts de Paris, 19, rue du Helder. Concerts tous les soirs, prix : 1 fr. 50, 2 fr. et 3 fr.

Café de France, 20, boulevard Bonne-Nouvelle. Concert tous les soirs, entrée libre.

Café du Géant, 47, boulevard du Temple. Concert tous les soirs, entrée libre.

Café Moka, 5, rue de la Lune. Concerts tous les soirs, entrée libre.

Café du Cadran, 86, rue Montmartre. Concerts tous les soirs, entrée libre.

Casino Français, 18, galerie Montpensier. Palais-Royal. Concerts tous les soirs, entrée libre.

Café des Aveugles, 102, péristyle Beaujolais, Palais-Royal. Tous les soirs concerts et scènes de ventriloquie.

Café des Ambassadeurs, avenue des Champs-Élysées, côté droit. Concerts tous les soirs pendant l'été.

Pavillon de l'Horloge, avenue des Champs-Élysées, côté gauche. Concerts tous les soirs pendant l'été.

Pré Catelan, au bois de Boulogne. Tous les jours, promenades, concerts, marionnettes, jeux divers.

Diorama-Historique, avenue des Champs-Élysées, 5. Tous les jours de 10 à 5 heures.

CHEMINS DE FER.

CHEMINS DE FER DE L'OUEST.

LIGNES DE BANLIEUE.

Gare à Paris, rue Saint-Lazare, 124. — Gare à Paris, boulevard Montparnasse.

PARIS A SAINT-GERMAIN (*gare Saint-Lazare*). Départs toutes les heures, de 7 h. 56 m. du matin à 8 h. 56 m. du soir; à 10 h. et à 12 h. 36 m. du soir. Retour toutes les heures, de 7 h. du matin à 9 h. du soir et à 10 h. 50 m. du soir.

PARIS A ARGENTEUIL (*gare Saint-Lazare*). Mêmes heures de départs que le chemin de fer de Saint-Germain. Retour toutes les heures, de 7 h. 20 m. du matin à 8 h. 20 m. du soir, et à 9 h. 50 m. du soir.

PARIS AU BOIS DE BOULOGNE ET A AUTEUIL (*gare Saint-Lazare*). Départs toutes les demi-heures, depuis 8 h. du matin jusqu'à 6 h. 50 m. du soir, et toutes les heures de 6 h. 50 m. du soir jusqu'à 8 h. 50 m. du soir; à 10 h., 11 h. et 12 h. 55 m. Retour à 7 h. 25 m. du matin, et toutes les demi-heures depuis 8 h. 25 m. du matin jusqu'à 7 h. 25 m. du soir; à 8 h. 25 m., 9 h. 25 m. et 10 h. 55 m. du soir.

PARIS A VERSAILLES, RIVE DROITE (*gare Saint-Lazare*). Départs toutes les heures, de 7 h. 55 m. du matin à 8 h. 35 m. du soir; à 10 h. 5 m. et 12 h. 57 m. du soir. Retour toutes les heures, de 7 h. du matin à 9 h. du soir, et à 10 h. 50 m. du soir.

PARIS A VERSAILLES, RIVE GAUCHE (*gare Montparnasse*). Départs toutes les heures, de 8 h. du matin à 6 h. du soir; à 8 h. 5 m. et 10 h. 5 m. du soir. Retour à 8 h. du matin, et toutes les heures de 9 h. 50 m. du matin à 8 h. 50 m. du soir; à 10 h. du soir.

Un service d'omnibus conduit les voyageurs des gares Saint-Lazare et Montparnasse dans divers quartiers de la ville, et *vice versa.* — (RIVE DROITE) : Bureaux, place de la Bourse, boulevard Bonne-Nouvelle, 14, pointe Saint-Eustache, quai de l'École; prix des places, 20 c. — (RIVE GAUCHE) : Bureaux, place de la Bourse, rue Saint-Martin, 300, pont Neuf, rue Mazarine, Hôtel de Ville, place Saint-Sulpice, palais de Justice; prix des places : intérieur, 30 c.; impériale, 20 c.

LIGNES DE BRETAGNE.

Embarcadère à Paris, boulevard Montparnasse.

PRINCIPALES LOCALITÉS DESSERVIES : Versailles, Rambouillet, Chartres, Nogent-le-Rotrou, le Mans, Laval, Vitré, Rennes, Alençon, Argentan.

LIGNES DE NORMANDIE.

Embarcadère à Paris, rue d'Amsterdam, 9.

PRINCIPALES LOCALITÉS DESSERVIES : Poissy, Mantes, Rouen, Yvetot, Beuzeville, le Havre, Dieppe, Fécamp, Évreux, Bernay, Lisieux et Caen.

CHEMIN DE FER DE SCEAUX.

Embarcadère à Paris, barrière d'Enfer.

Départs toutes les heures, de 7 h. du matin à 8 h. du soir. Retour toutes les heures, de 7 h. 30 m. du matin à 8 h. 50 m. du soir.

CHEMIN DE FER D'ORSAY.

Embarcadère à Paris, barrière d'Enfer.

Départs à 7 h. et 9 h. du matin et à 1 h.; 5 h. et 7 h. du soir. Retour à 8 h. 5 m. et 10 h. 5 du matin, et à 2 h. 5 m., 6 h. 5 m. e 8 h. 5 m. du soir.

CHEMIN DE FER D'ORLÉANS.

Embarcadère à Paris, boulevard de l'Hôp'tal, 7.

SECTION DE CORBEIL. Six départs par jour : à 7 h. 20 m , 8 h. 40 m. et 11 h. 10 m. du matin, 1 h. 15 m., 5 h. 15 m. et 9 h. du soir. Retour à 7 h., 8 h. 55 m. et 11 h. 30 m. du matin, 4 h. 30 m., 7 h. 15 m. et 9 h. du soir.

SECTION DE PARIS A BORDEAUX. Principales localités desservies : Étampes, Orléans, Blois, Tours, Châtellerault, Poitiers, Angoulême, Libourne et Bordeaux.

SECTION DE TOURS A SAINT-NAZAIRE. Principales localités desservies : Saumur, Angers, Nantes, Savenay et Saint-Nazaire.

SECTION DE COUTRAS A PÉRIGUEUX.

SECTION DE POITIERS A ROCHEFORT. Principales localités desservies : Niort, la Rochelle et Rochefort.

SECTION D'ORLÉANS A LIMOGES. Principales localités desservies : Vierzon, Châteauroux, Argenton et Limoges.

SECTION DE VIERZON AU GUÉTIN. Principales localités desservies : Bourges et le Guétin.

SECTION DE SAINT-GERMAIN-DES-FOSSÉS A LA PALISSE. Principales localités desservies : Nevers, Moulins, Brioude, Clermont-Ferrand et la Palisse.

Des omnibus spéciaux, stationnant rue de la Chaussée-d'Antin, cour des Messageries nationales, cour des Messageries impériales, rue du Bac, place Saint-Sulpice, et rue Saint-Martin, impasse de la Planchette, conduisent les voyageurs à la gare.

CHEMIN DE FER DE LYON A LA MÉDITERRANÉE.

Embarcadère à Paris, boulevard Mazas.

PRINCIPALES LOCALITÉS DESSERVIES : Melun, Fontainebleau, Montereau, Sens, Joigny, Laroche, Tonnerre, Montbard, Dijon, Beaune, Châlons, Mâcon, Villefranche, Lyon, Vienne, S¹-Rambert, Tain, Valence, Montélimart, Orange, Avignon, Tarascon, Arles, Rognac et Marseille.

SECTION DE LAROCHE A AUXERRE.

SECTION DE DIJON A BESANÇON : Principales localités desservies : Auxonne, Dôle, Besançon.

SECTION D'AUXONNE A GRAY.

SECTION DE DOLE A SALINS.

SECTION DE ROANNE A LYON : Principales localités desservies : S¹-Étienne et Lyon.

SECTION DE LYON A GENÈVE : Principales localités desservies : Amberieu, Bellegarde et Genève.

SECTION DE S¹-RAMBERT A GRENOBLE.

SECTION DE TARASCON A CETTE : Principales localités desservies : Nîmes, Montpellier et Cette.

SECTION DE NIMES A BASSÉGES : Principale localité desservie : Alais.

SECTION D'ALAIS A LA GRAND'COMBE.

SECTION DE ROGNAC A AIX.

SERVICE DE BANLIEUE : 12 départs par jour desservent les gares de Charenton, Maisons-Alfort, Villeneuve-S¹-Georges, Montgeron et Brunoy.

OMNIBUS POUR LA GARE A TOUS LES TRAINS : Place S¹-Sulpice, 12, rue de Rivoli, 136 ; rue Croix-des-Petits-Champs, 43 ; boulevard de Strasbourg, 5 ; rue Notre-Dame-des-Victoires, 22 ; rue de Provence, 47.

CHEMINS DE FER DE L'EST.

LIGNES DE PARIS A STRASBOURG.

Embarcadère à Paris, rue de Strasbourg.

PRINCIPALES LOCALITÉS DESSERVIES : Meaux, Château-Thierry, Epernay, Chalons, Vitry-le-François, Blesme, Bar-le-Duc, Commercy, Toul, Frouard, Nancy, Lunéville, Sarrebourg et Strasbourg.

SECTION D'EPERNAY A REIMS : Principales localités desservies : Aï et Reims.

SECTION DE CHALONS AU CAMP.

Section de Blesme a Langres : Principales localités desservies : S¹-Dizier, Joinville, Chaumont et Langres.

Section de Frouard a Forbach. Principales localités desservies : Pont-à-Mousson, Metz, S¹-Avold et Forbach.

Section de Metz a Thionville.

Section de Nancy a Epinal.

Section de Strasbourg a Wissembourg. Principale localité desservie : Haguenau.

Section de Strasbourg a Bale : Principales localités desservies : Schlestadt, Colmar, Mulhouse et Bâle.

Section de Mulhouse a Thann.

LIGNE DE PARIS A MULHOUSE.

Embarcadère à Paris, rue de Strasbourg.

Principales localités desservies : Gretz, Nangis, Longueville, Flamboin, Montereau, Troyes, Bar-sur-Aube, Chaumont, Langres, Vesoul, Belfort et Mulhouse.

Stations d'omnibus spéciaux dans Paris : Rue de Rivoli, 156 ; rue S¹-Martin, 295 ; hôtel du Louvre, place du Palais-Royal.

CHEMINS DE FER DU NORD.

Embarcadère à Paris, place Roubaix.

Section de Paris a Cologne. Principales localités desservies : Creil, Compiègne, Noyon, Chauny, S¹-Quentin, Landrecies, Maubeuge, Charleroy, Namur, Liége et Cologne.

Section de Creil a Beauvais.

Section de Chauny a Laon.

Section de Paris a Bruxelles : Principales localités desservies : Clermont, Amiens, Arras, Douai, Valenciennes, Mons et Bruxelles.

Section de Douai a Calais : Principales localités desservies : Lille, Hazebrouck, S¹-Omer et Calais.

Section d'Amiens a Boulogne. Principales localités desservies : Abbeville et Boulogne.

Section de Lille a Gand. Principales localités desservies : Mouscron et Gand.

Section d'Hazebrouck a Dunkerque.

Service de Banlieue : 32 départs et 32 retours par jour desservent les stations de S¹-Denis, Enghien, Pontoise et Creil.

Bureaux des omnibus spéciaux dans Paris : Rue S¹-Martin, impasse de la Planchette ; boulevard de Sébastopol, 55 ; rue Bonaparte, 59 ; rue de l'Arcade, 17 ; hôtel de Lille et d'Albion, hôtel Meurice, hôtel des Trois-Empereurs et hôtel du Louvre.

HOTELS RECOMMANDÉS.

GRAND HOTEL DU LOUVRE, 168, rue de Rivoli.

HOTEL DES TROIS-EMPEREURS, 170, rue de Rivoli.

HOTEL DES ÉTRANGERS, 3, rue Vivienne.

HOTEL VOUILLEMONT, 13, rue des Champs-Elysées.

GRAND HOTEL DE FRANCE ET D'AN-GLETERRE, 10, rue des Filles-St-Thomas.

HOTEL DU NOUVEAU-MONDE, 125, place du Havre.

GRAND HOTEL DE L'EUROPE, 5, rue Lepelletier.

GRAND HOTEL BERGÈRE, 52 et 54, rue Bergère.

GRAND HOTEL LAFFITTE, 10, rue Laffitte.

GRAND HOTEL DE LA BOURSE ET DES AMBASSADEURS, 17, rue N.-D.-des Victoires.

HOTEL VICTORIA, 3, rue Chauveau-Lagarde.

HOTEL SAINTE-MARIE, 85, rue de Rivoli.

HOTEL BEDFORD, 17 et 19, rue de l'Arcade.

HOTEL BEAU-SÉJOUR, 30, boulev. Poissonnière.

HOTEL MEURICE, 228, rue de Rivoli.

GRAND HOTEL DE SAXE-COBOURG, 223, rue St-Honoré.

GRAND HOTEL DE LA MARINE FRAN-ÇAISE, 48, rue Croix-des-Petits-Champs.

HOTEL DE RIVOLI, 202, rue de Rivoli.

VOITURES DE PLACE.

POUR L'INTÉRIEUR DE PARIS.

DÉSIGNATION des VOITURES.	DE 6 H. DU MATIN A MINUIT.		DE MINUIT A 6 H. DU MATIN.	
	à la Course.	à l'Heure.	à la Course.	à l'Heure.
GRANDS FIACRES à 2 chevaux.	1 50	2 »	2 »	3 »
COUPÉS et petits FIACRES à 4 places, à 1 ou 2 chevaux.	1 25	1 75	1 75	2 50
CABRIOLETS à 2 ou 4 roues, fermés ou non fermés. .	1 10	1 50	1 75	2 50

Les cochers sont tenus de conduire à la course et sans augmentation de prix, aux cimetières de l'Est, du Nord et du Sud ; aux embarcadères des chemins de fer de Sceaux et de Versailles (rive

gauche); à l'Hippodrome; à la station établie à Passy, rue Deles-
sert, et sur toute la ligne des boulevards extérieurs.

POUR L'EXTÉRIEUR DE PARIS.

En dedans du mur d'enceinte des fortifications et jusqu'à la porte Maillot, par l'avenue de Neuilly.	*En dehors du mur d'enceinte des fortifications et à l'intérieur du bois de Boulogne.*
A L'HEURE.	**A L'HEURE.**
Grands Fiacres à 2 chevaux. . . . . } 2 »	Grands Fiacres à 2 chevaux. . . . . } 5 »
Coupés et petits Fiacres, à 1 ou 2 chevaux. . . } 1 75	Coupés et petits Fiacres, à 1 ou 2 chevaux. . . } 2 »
Cabriolets à 2 ou 4 roues, fermés ou non fermés. } 1 50	Cabriolets à 2 ou 4 roues, fermés ou non fermés. } 2 »

Lorsqu'un cocher aura été pris pour aller charger à domicile et
marcher à l'heure, le prix de l'heure lui sera dû à partir de son
arrivée à la porte du voyageur.

Si ce cocher, pris pour marcher à la course est obligé d'attendre
le voyageur plus de 10 minutes, il sera censé avoir été pris à
l'heure.

Outre les voitures de place on trouve dans tous les quartiers des
Cabriolets de remise. Leur prix est de :

> *La Course.* . . . . .   1 fr. 50 c.
> *L'Heure.*   2   »

VOITURES DE REMISE,

INTÉRIEUR DE PARIS.			
DÉSIGNATION des VOITURES.	DE 6 H. DU MATIN A MINUIT.		DE MINUIT A 6 H. DU MATIN.
	à la Course.	à l'Heure.	à l'Heure.
Voitures à 4 roues.	1 75	2 »	5 »
Voitures à 2 roues.	1 50	1 75	2 50

Les cochers seront tenus de conduire à la course et sans augmentation de prix, aux cimetières de l'Est, du Nord et du Sud ; à tous

les embarcadères des chemins de fer situés à l'extérieur, à l'Hippodrome et sur toute la ligne des boulevards extérieurs.

EXTÉRIEUR DE PARIS.

En dedans des fortifications et dans le bois de Boulogne.	*Au-delà des fortifications, sauf le bois de Boulogne.*
A L'HEURE.	A L'HEURE.
Voitures à 4 roues. 2 50	Voitures à 4 roues. 5 50
Voitures à 2 roues. 2 »	Voitures à 2 roues. 2 50

Les cochers ne seront tenus, en aucune saison, de dépasser les limites dénommées ci-dessus, après minuit, pour se rendre sur le territoire situé en dedans des fortifications, ni après sept heures du soir en hiver, et neuf heures en été, pour se rendre à une destination plus éloignée.

Si après ces heures les cochers consentent à dépasser ces limites, le prix du voyage sera réglé de gré à gré entre eux et les personnes qui les emploieront.

VOITURES OMNIBUS.

Prix des Places :

Les Tarifs du prix des places sont fixés à **30 Centimes** par personne pour les places d'intérieur avec correspondance, et à **15 Centimes** pour les places de banquettes extérieures sans correspondance. — Les enfants au-dessus de 4 ans payeront place entière.

LIGNE A. — De Passy au Palais-Royal.

Par: Mairie de Passy, rue des Batailles, quai de Billy, rue de Rivoli, pl. du Palais-Royal. — Correspondance avec les lettres H X Y G D R S Q. — Bureaux, place du Palais-Royal.

LIGNE B. — De Chaillot à St-Laurent.

Par : la rue de Chaillot, Champs-Elysées, Madeleine, r. St-Lazare, Lamartine, faub. Poissonnière, r. Paradis, St-Laurent. — Correspondance avec les lettres C, r. Neuve-de-Berry; I D R, r. Royale, 15; E, Madeleine 27; F, r. St-Lazare, 135; X, pl. du Havre; G, St-Lazare, 78; H, Bourdaloue 9; U, Notre-Dame-de-Lorette; J T, pl. Cadet 27; V, r. Bleue 2; L, faub. St-Martin 144.

De 5 à 7 heures, les voitures ne passent plus dans les Champs-Elysées; elles prennent le faub. St-Honoré.

LIGNE C. — De Courbevoie au Louvre.

Par le pont de Neuilly, l'avenue de Neuilly, Champs-Elysées, r. Rivoli. Correspondance avec les lettres B, r. Neuve-de-Berry; Q X H D Y, pl. du Palais-Royal; S V G R, pl. du Louvre.

LIGNE D. — Des Ternes au boulevard des Filles-du-Calvaire.

Par l'avenue des Ternes, le faub. St-Honoré, boul. de la Madeleine, rue Duphot, St-Honoré, Monnaie, St-Eustache, Mauconseil, Grenetat, Bretagne, boulevard des Filles-du-Calvaire. — Correspondance avec les lettres B B I, rue Royale 15; E F, boul. de la Madeleine, 27; H X S Q A G, pl. du Palais-Royal, Y, r. St-Honoré 202; U, r. de l'Arbre-Sec 64; E O, boul. des Filles-du-Calvaire.

LIGNE E. — De la Bastille à la Madeleine.

Toute la ligne des boulevards, Corresp. avec les lettres Q R Z S P, boul. Beaumarchais 10, D, en face le Cirque; N O, boulevard du Temple 78; T L, boul. St-Denis 1; K, porte St-Denis; H, boul. des Italiens, 8; B F D, boul. de la Madeleine 27.

Boul. Beaumarchais 10, correspondance pour Vincennes, Fontenay, Nogent, Noisy, la Queue, Chenevières, Champigny, Joinville, St-Maur, Port-Créteil, la Varenne, Charenton, Charonne et Bagnolet, moyennant un supplément de prix.

LIGNE F. — De Batignolles-Monceaux à la Bastille.

Par : rue des Dames, bar. Monceaux, pl. du Havre, r. Tronchet, boul. de la Madeleine, r. N.-St-Augustin, C.-des-Petits-Champs, St-Eustache, Rambuteau, Francs-Bourgeois, Pas-de-la-Mule, boul. — Corresp. avec B, r. St-Lazare, 135; X, pl. du Havre; E D B I b. Madeleine, 27; N, pl. des Victoires; X V, r. Cr.-des-Petits-Champs 54; T, r. Rambuteau 36; Q R P S, boul. Beaumarchais 2. *(Correspondance de la Banlieue, voir la ligne E.)*

LIGNE G. — De Batignolles-Clichy au Jardin des Plantes.

Par : rue de Paris; r. de Clichy, Chaussée-d'Antin, Louis-le-Grand, St-Honoré, Rivoli, quai de Gêvres, quai de la Grève, pont Marie, pont de la Tournelle et quai St-Bernard. — Corresp. avec B, r. St-Lazare 78; I, Chaussée-d'Antin 59, A X Y D, pl. du Palais-Royal; V R S Q, pi. du Louvre. — Batignolles, Grande-Rue. Correspondance pour St-Denis, Clichy, St-Ouen.

LIGNE H. — De la Barrière Blanche à l'Odéon.

Par : la barr. Blanche, pl. St-Georges, r. Laffitte, Richelieu, Carrousel, quai Voltaire, des Sts-Pères, du Dragon, Vieux-Colombier, Saint-Sulpice, de Tournon, Odéon. — Corresp. avec M, boul. extérieur; B I U, r. Bourdaloue 9; E, boul. des Italiens 8; D Y S Q G A X B, place du Palais-Royal; Z, rue de Grenelle 4; Z O L I, place St-Sulpice 10.

LIGNE I. — Du Panthéon à la Barrière des Martyrs.

Par: la place St-Etienne-du-Mont, pl. St-Michel. Odéon, St-Sulpice, du Four, de Grenelle, Bourgogne, pl. de la Concorde, r. St-Honoré, de la Paix, Chaussée-d'Antin, de Provence, de la Victoire, faub. Montmartre, des Martyrs. — Corresp. avec J, r. Soufflot 14; O H Z L, pl. St-Sulpice 10; V, r. de Grenelle 4; Z X D, rue de Grenelle 69; B F, rue Royale; G B U, Chaussée-d'Antin 39; H, rue des Martyrs 5; M, boul. extérieur.

LIGNE J. — De la Barrière Saint-Jacques au Château-Rouge.

Par : la bar. faubourg et rue St-Jacques, quai et pont St-Michel, r. de la Barillerie, pont au Change, quai de la Megisserie, rue de la Monnaie, St-Eustache, r. et faub. et Montmartre, rue Cadet, r. et barr. Rochechouart, r. de Clignancourt, Château-Rouge. — Correspond, avec les lettres I, r. Soufflot, 14; K, pl. du Pont-St-Michel, 6; L U, quai St-Michel, 21; O, quai aux Fleurs; Q r. Bertin-Poirée, 2; B T, place Cadet 27.

LIGNE K. — De la Chapelle St-Denis à la Barrière d'Enfer.

Par: Grande-Rue de la Chapelle, faubourg, porte et rue St-Denis, pl. du Châtelet, pont au Change, r. de la Barillerie, pont St-Michel, r. de la Harpe, place St-Michel, rue et barrière d'Enfer. — Correspondance avec les lettres V, rue de Dunkerque, 17; N E, porte St-Denis; O J, quai aux Fleurs; L U, pl. du Pont St-Michel, 6; Z, r. de la Harpe, 86; — Grande-Rue à la Chapelle, correspondance pour St-Denis.

LIGNE L. — De la Villette à la Place St-Sulpice.

Par: la Villette, r. de Flandre, barr., faub., porte et r. St-Martin, quai de Gèvres, pont N.-Dame, r. de la Cité, Petit-Pont, quai Saint-Michel, rue St-André-des-Arts, de Buci, de Seine, r. et pl. St-Sulpice. — Correspondance avec les lettres Y, r. de Strasbourg, 5; B E, faub. St-Martin, 144; T N, boul. St-Denis, 1 et 2; Q, quai de Gèvres, 2: U J, quai Saint-Michel, 21; K, pl. du Pont-Saint-Michel, 1; H O I Z, pl. Saint-Sulpice, 10.

LIGNE M. — De la Barrière de l'Étoile à Belleville.

Toute la ligne des boulevards extérieurs. — Corresp. avec les lettres H, barr. Blanche, sur le boul. extérieur; barr. des Martyrs, sur le boul. extérieur.

LIGNE N. — De Belleville à la Place des Victoires.

Par : Grande-R. de Paris, faub. et boul. du Temple, boulevard et porte Saint-Martin, boulev. et porte Saint-Denis, r. Bourbon-Villeneuve, Neuve-Saint-Eustache, des Fossés-Montmartre, pl. des Victoires, r. Catinat. — Corresp. avec les lettres O E, boulev. du Temple, 78 ; L T, boulev. Saint-Denis, 2 ; K, sur le boulev.; F V X. au coin de la r. Catinat.

LIGNE O. — De la Barrière Ménilmontant à la Barrière Montparnasse.

Par : rue de Ménilmontant, boulev. des Filles-du-Calvaire et du Temple, r. du Temple, pl. de l'Hôtel-de-Ville, quais Pelletier, de Gèvres, pl. du Châtelet, pont au Change, quai de l'Horloge, r. du Harlay, pl. et r. Dauphine, carrefour de l'Odéon, r. Saint-Sulpice, r. de Vaugirard, de Rennes, boul. et r. du Montparnasse.—Correspondance avec D, en face le Cirque ; E N, boul. du Temple, 78 ; Q L, quai de Gèvres, 2 ; K J, quai aux Fleurs ; U V, pl. Dauphine, 3 ; H Z J L, pl. Saint-Sulpice, 10.

LIGNE P. — Du Père-Lachaise à la Bastille.

Par : Père-Lachaise, barr. d'Aunay, r. de la Roquette, pl. de la Bastille. — Correspondance avec les lettres Z T F Q R S, r. Saint-Antoine, 223. (*Pour la corresp. de la Banlieue, voir à la lettre E.*

LIGNE Q. — De la Barrière du Trône au Palais-Royal.

Par : Barrière du Trône, faub. Saint-Antoine, r. Saint-Antoine, du Petit-Musc, du quai des Célestins au quai de l'École, rue de Rivoli. — Correspond. avec les lettres Z E P R F S; boul. Beaumarchais, 2 ; T, quai de la Grève, 24; O, quai de Gèvres, 2 ; J, r. Bertin-Poirée, 2; G V, pl. du Louvre; H X Y D A, pl. du Palais-Royal. — (*Pour la correspond. de la Banlieue, voir à la lettre E.*)

LIGNE R. — De la Barrière Charenton au Faubourg Saint-Honoré.

Par : r. de Charenton, Saint-Antoine, de Rivoli, Royale, faub. Saint-Honoré, avenue Matignon.—Corresp. avec E Q F P Z, r. Saint-Antoine, 223 ; T, en face la caserne Napoléon ; G V, pl. du Louvre ; H D X A, pl. du Palais-Royal; B I D, faub. Saint-Honoré, 15. — Corresp. de la banlieue : 1° voir la lettre E; 2° barr. Charenton pour Charenton, Saint-Maurice, Gravelle, Maisons-Alfort, Creteil, Bonneuil, Boissy, Sucy, Charonne et Bagnolet.

LIGNE S. -- De Bercy au Louvre.

Par : quai de Bercy, barr. et quai de la Râpée, de Lyon, Bastille, r. St-Antoine, Rivoli.—Corresp. avec E Z P F T, r. St-Antoine, 225; G H X Y A D, pl. du Palais-Royal. — Correspond. de la banlieue : 1° A Bercy, avec le service de Charenton ; 2° voir à la lettre E.

LIGNE T. — De la Place Cadet à la Barrière de la Gare.

Par : r. Bleue, faub. Poissonnière, Petites-Écuries, faub., porte et boul. Saint-Denis, r. Saint-Martin, Rambuteau, Temple, Bourtibourg, Rivoli, du Pont-Louis-Philippe, quai de la Grève, ponts Marie et de la Tournelle, quais Saint-Bernard et d'Austerlitz, barr. de la Gare. — Corresp. avec J. B, place Cadet, 27; V, r. Bleue, 2; K L, porte Saint-Denis, sur le boul.; E, boul. Saint-Denis, 1; F, r. Rambuteau, 56; B, en face de la caserne Napoléon; Q, quai de la Grève, 24; Z, quai de la Tournelle, 19.—Passage du pont de Bercy gratuit, aller et retour.

LIGNE U.— De la Barrière Fontainebleau à Notre-Dame-de-Lorette.

Par : barr. de Fontainebleau, r. Mouffetard, Geoffroy-Saint-Hilaire, Saint-Victor, Fossés-Saint-Bernard, quai de la Tournelle au pont Saint-Michel, pl. Dauphine, quai de l'École, r. Saint-Honoré, des Bons-Enfants, Vivienne, faub. Montmartre, r. Bourdaloue.—Correspond. avec Z T, quai de la Tournelle, 19 ; L K, pl. du Pont-Saint-Michel, 6 ; O V, pl. Dauphine, 1 ; D, r. de l'Arbre-Sec, 46 ; X, r. Saint-Honoré, 192; B H 1, rue Bourdaloue, 9; barr. Fontainebleau.— Correspond. pour Gentilly, Bicêtre.

LIGNE V. — Du Chemin de fer du Nord à la Barrière du Maine.

Par : r. du Cherche-Midi, de Sèvres, Croix-Rouge, de Taranne, Bonaparte, quai Conti, pont Neuf, quai de l'École, r. du Coq, pl. des Victoires, Bourse, faubourg Montmartre, Poissonnière, rue Lafayette.—Corresp. avec X, r. de Sèvres, 35; I Z H, r. de Grenelle, 4; U O, pl. Dauphine, 2 ; S G Q R, pl. du Louvre; X N F, r. Croix-des-Petits-Champs, 54 ; T B, au coin de la rue Bleue; K, rue de Dunkerque, 17.

LIGNE X. — De Vaugirard à la place du Havre.

Par: Vaugirard Gr.-Rue, barr. et r. de Sèvres, du Bac, Carrousel, Palais-Royal, r. Saint-Honoré, pl. des Victoires, Neuve-des-Petits-Champs, boul. des Capucines, r. Caumartin.—Corresp. avec V, rue de Sèvres, 55 ; Z I, r. de Grenelle, 69; R S G A H D, pl. du Palais-Royal ; Y, rue Saint-Honoré, 202 ; U, r. Saint-Honoré, 192; V N F, r. Croix-des-Petits-Champs, 54 ; B F, pl. du Havre; à Vaugirard correspond. pour Vanves et Yssy.

LIGNE Y. — De Grenelle à la Porte Saint-Martin.

Par : avenue de La Motte-Piquet, r. Saint-Dominique, du Bac,
Carrousel, Palais-Royal, Grenelle St-Honoré, J.-Jacques-Rousseau,
Montmartre, boul. Montmartre, Bonne-Nouvelle et Saint-Denis.—
Corresp. avec Z, au coin de la rue de l'Eglise ; G H X G A S Q, pl.
du Palais-Royal ; D, r. Saint-Honoré, 202 ; U, r. Saint-Honoré, 192.

LIGNE Z. — Du Champ-de-Mars à la Bastille.

Par : Grenelle, r. Cr.-Nivert, avenue Lowendahl, pl. des Invalides, r. de Grenelle, pl. Saint-Sulpice, carref. de l'Odéon, École-
de-Médecine, des Noyers, de Pontoise, quai et pont de la Tournelle,
pont Marie, r. Saint-Antoine, Bastille.—Corresp. avec Y au coin de
la r. de l'Église ; X I, r. Grenelle, 69 ; V, r. Grenelle, 4 ; I H L O,
pl. Saint-Sulpice, 10 ; K, r. de la Harpe, 86 ; U, r. Saint-Victor, 121 ;
T, quai de la Tournelle ; Q R P E S, r. Saint-Antoine, 255. *Correspond. de la Banlieue, voir à la lettre E.*)

CERCLES

Ancien cercle, boulevard Montmartre, 16.
Cercle agricole, rue de Beaune, 6.
Cercle artistique, rue Drouot, 11.
Cercle des arts, rue de Choiseul, 22.
Cercle des chemins de fer, boulevard des Italiens, 29.
Cercle du Commerce, rue Lepelletier, 2.
Cercle du Commerce et de l'Industrie, boulev. Poissonnière, 14.
Cercle des Etats-Unis, rue Lepelletier, 16.
Cercle Frascati, boulevard Montmartre, 10.
Cercle Grammont, boulevard Montmartre, 8.
Cercle Impérial, rue des Champs-Elysées, 3.
Cercle du Jeu de Paume, passage Sandrie, 6.
Cercle du Jockey-Club, rue de Grammont, 50.
Cercle de la Librairie, Imprimerie et Papeterie, r. Bonaparte, 1.
Cercle du Luxembourg, rue Cassette, 41.
Cercle Malaquais, quai Malaquais, 5.
Cercle de Paris, rue Laffitte, 1.
Cercle du Pavillon de Hanovre, boulevard des Italiens, 55.
Cercle de la Réunion, rue Grange-Batelière, 13.
Cercle de la rue Royale, rue Royale-Saint-Honoré, 5.
Cercle Sainte-Anne, boulevard Montmartre, 10.
Cercle de l'Union, boulevard de la Madeleine, 11.

RUES DE PARIS.

Dans les rues parallèles à la Seine, les numéros suivent le cours du fleuve. Dans les rues perpendiculaires à la Seine, les bas numéros partent du fleuve. Les numéros pairs sont à droite en remontant la rue, les numéros impairs à gauche.

ARROND^t.	RUES.	COMMENCENT.	FINISSENT.
10	Abbaye (de l')....	r. de l'Échaudé....	r. Bonaparte.
12	Abbé-de-l'Epée (l')	r. St-Jacques......	r. d'Enfer.
5	Abbeville (d')....	pl. Lafayette......	r. de Rocroy.
1	Aguesseau (d')....	r. du F.-St-Honoré	r. de Suresnes.
4	Aiguillerie (de l')..	r. St-Denis........	pl. Ste-Opportune.
5	Albouy............	r. des Marais-St-M..	r. des Vinaigriers.
1	Alger (d')........	r. Rivoli..........	r. St-Honoré.
5	Alibert...........	q. Jemmapes......	r. Bichat.
8	Aligre-St-Antoine..	r. Charenton......	marché Beauvau
8	Amandiers-Popinc.	r. Popincourt.... .	barr. d. Amandiers.
12	Amandiers-St-Jac..	r. de la Montagne.	r. des Sept-Voies.
2	Amboise (d')......	r. Richelieu.......	r. Favart.
5	Ambroise-Paré...	r. de Bouvines....	r. Rocroy.
10	Amélie...........	r. St-Dominique...	r. Grenelle.
8	Amelot...........	q. Valmy.........	r. St-Sébastien.
1	Amsterdam	r. St-Lazare.......	barr. de Clichy.
10	Ancienne-Comédie.	r. St-André-d.-Arts.	r. École-de-Médecine
2	Anglade (de l')....	r. de l'Evêque.....	r. Fontaine-Molière.
12	Anglais (des)......	r. Galande........	r. des Noyers.
12	Anglaises (des)....	r. de Lourcine.....	r. du P.-C.-St-Marc.
1	Angoulême-St-H...	aven. d. Ch.-Elysées	faub. St-Honoré.
6	Angoulême-du-T..	boul. du Temple..	r. St-Maur.
10	Anjou-Dauphine...	r. Dauphine.......	r. de Nevers.
8	Anjou-Marais (d').	r. Charlot........	r. du Gr.-Chantier.
1	Anjou-St-Honoré..	faub.-St-Honoré...	r. de la Pépinière.
2	Antin (d')........	r. N^e-des-P.-Champs	r. Port-Mahon.
11	Antoine-Dubois ...	pl. École-de-Médec..	r. M^r-le-Prince.
12	Arbalète (de l')....	r. Mouffetard	r. d. Charbonniers.
4	Arbre-Sec (de l')..	pl. de l'École......	r. St-Honoré.
1	Arcade (de l').....	boul. Malesherbes.	r. St-Lazare.
4	Arche-Pépin (de l')	q. de la Mégisserie.	r. St-G.-l'Auxerrois.
9	Arcole (d')........	q. Napoléon.......	r. du C.-N.-Dame.
2	Argenteuil (d')....	r. des Frondeurs..	r. St-Roch.
12	Arras (d')........	r. St-Victor	r. Chopin.
8	Asile-Popincourt ..	r. du Moulle......	r. Popincourt.

ARROND¹.	RUES.	COMMENCENT.	FINISSENT.
11	Assas (d')	r. du Cherche-Midi.	r. Vaugirard.
1	Astorg (d')	r. Ville-l'Evêque...	r. Laborde.
6	Aubry-le-Boucher..	r. St-Martin	r. St-Denis.
6	Aumaire.............	r. Volta.............	r. St-Martin.
2	Aumale (d')........	r. St-Georges.. ...	r. Rochefoucault.
10	Austerlitz-des-Inv .	q. d'Orsay.........	r. de Grenelle.
12	Austerlitz-St-Marcel	pl. barrière d'Ivry.	boul. de l'Hôpital.
4	Babille.............	r. des Deux-Ecus..	r. des Viarmes.
10	Babylone (de)......	r. du Bac..........	boul. des Invalides.
10	Bac (du)...........	q. d'Orsay.........	r. de Sèvres.
10	Bagneux (de)......	r. du Cherche-Midi.	r. de Vaugirard,
4	Baillet.............	r. de la Monnaie...	r. de l'Arbre-Sec.
4	Bailleul	r. de l'Arbre-Sec..	r. du Louvre.
4	Baillif.............	r. des Bons-Enfants	r. C.-d.-P.-Champs.
6	Bailly..............	r. St-Paxent.......	r. Henry:
1	Balzac..	faub. St Honoré ...	av. Champs-Elysées.
5	Banque (de la)....	r. N-des-P.-Champs	pl. de la Bourse.
12	Banquier (du).....	r. Marché-aux-Chev	r. Mouffetard.
10	Barbet-de-Jouy.. .	r. de Varennes	r. de Babylone.
8	Barbette...........	r. des 3 Pavillons..	r. Vieille-du-Temple.
9	Barillerie (de la)..	q. de l'Horloge....	q. des Orfévres.
10	Baronillère	r. de Sèvres.......	r. du Cherche-Midi.
9	Barrés-St-Gervais..	r. de l'Hôt.-de-Ville	pl. Baudoyer.
9	Barrés-St-Paul(des)	r. St-Paul.........	r. de l'Etoile.
10	Barthélemy........	aven. de Breteuil..	ch. de r. b. de Sèvres
8	Basfroid...........	r. de Charonne....	r. de la Roquette.
12	Basse-des-Carmes .	r. de Montagne....	r. des Carmes,
1	Basse-des-Remp,..	r. de la Ch.-d'Antin	pl. de la Madeleine.
1	Basse-St-Pierre....	q. de Billy........	r. de Chaillot.
9	Basse-des-Ursins..	r. d'Arcole........	r. des Chantres
1	Bassins (des).....	ch. d. r. b. des Bas.	r. Newton
9	Bassompierre	boul. de Bourdon..	r. de l'Orme.
1	Batailles (des)....	r. Longchamps ...	barr. Ste-Marie.
12	Battoir-St-Victor..	r. Lacépède..	r. Puits-l'Ermite..
1	Bayard	Cours-la-Reine.....	av. Montaigne.
10	Bayard-des-Inval ..	r. Kléber..........	r. Duguesclin.
7	Beaubourg	r. Maubuée	r. Réaumur.
7	Beauce (de).......	r. d'Anjou-Marais..	r. de Bretagne.
2	Beaujolais-Pal.-R..	r. Valois-Palais-R..	r. Montpensier.
6	Beaujolais-du-T...	r. de Bretagne	r. du Forez.
1	Beaujon...........	r. de l'Oratoire....	av. Ste-Marie.
10	Beaune (de)......	q. Voltaire........	r. de l'Université.
5	Beauregard........	r. Poissonnière....	r. de Cléry.
5	Beaurepaire........	r. des Deux-Portes.	r. Montorgueuil.
9	Beautreillis........	r. du Lion-St-Paul.	r. St-Antoine.
8	Beauvau-St-Ant...	r. Charenton......	pl. Marché-Beauvau.
10	Beaux-Arts (des) .	r. de Seine........	r. Bonaparte.
8	Beccaria...........	r. Traversière.....	r. des Charbonniers.
1	Bel-Respiro (du)...	av. des Ch.-Elysées	r. Beaujon.
10	Bellars............	r. des Paillassons.	ch. de r. b. de Sèvres
10	Bellechasse (de)..	q. d'Orsay........	r. de Varennes.

ARROND.ts	RUES.	COMMENCENT.	FINISSENT.
2	Bellefond..........	faub. Poissonnière.	r. Rochechouart.
12	Bellièvre (de	q. d'Austerlitz.....	r. de la Gare
5	Belzunce (de).....	r. du Nord........	r. de Rocroy.
8	Bercy-St-Antoine..	barr. de Bercy.....	boul. Contrescarpe.
7	Bercy-St-Jean (de).	r. Vieille-du-Temple	pl. Marché-St-Jean.
2	Bergère...........	faub. Poissonnière.	faub. Montmartre.
1	Berlin (de).......	r. de Clichy.......	pl. de l'Europe.
12	Bernardins (des)..	q. de la Tournelle.	r. St-Victor.
1	Berri de	av. Champs-Elysées	faub. St-Honoré.
4	Bertin-Poirée.....	q. de la Mégisserie.	r. de Rivoli.
10	Bertrand	r. d'Eblé..........	r. de Sèvres.
11	Beurrière.........	r. du Four........	r. Vieux-Colombier.
5	Bichat............	r. du faub. du T.	q. Jemmapes.
1	Bienfaisance (de la)	r. du Rocher......	r. Messine.
12	Bièvre (de.......	q. de la Tournelle.	pl. Maubert.
7	Billettes (des)....	r. de la Verrerie...	r. Ste-C.-la-Bretonn.
12	Biron.............	r. de la Santé.....	faub. St-Jacques.
1	Bizet.............	q. de Billy........	r. de Chaillot.
2	Blanche...........	r. St-Lazare.......	pl. Barrière-Blanche
7	Blancs-Manteaux ..	r. Vieille-du-Temp.	r. du Temple.
2	Bleue.............	faub. Poissonnière.	r. Cadet.
11	Bodeau	q. des Orfévres....	r. Ste-Chapelle.
12	Bon-Puits (du) ...	r. St-Victor	r. Traversine.
12	Bonaparte	q. Malaquais......	r. de Vaugirard.
5	Bondy (de).......	faub. du Temple...	faub. St-Martin.
2	Bons-Enfants (des)	r. St-Honoré	r. Baillif.
6	Borda............	r. Volta	r. Montgolfier.
5	Bossuet...........	r. Lafayette.	r. Belzunce.
4	Boucher	r. des Bourdonnais.	r. de la Monnaie.
10	Boucherie (de la..	q. d'Orsay........	r. St-Dominique.
1	Boudreau....	r. Trudon.........	r. Caumartin.
12	Boulangers	r. St-Victor........	r. des F.-St-Victor.
2	Boule-Rouge (de la)	r. Montyon........	r. Richer.
8	Boulets (des). . .	r. Montreuil.......	r. Charonne.
2	Boulogne (de).....	r. Blanche........	r. de Clichy.
4	Bouloi (du)	r. C.-des-P.-Champs	r. Coquillière.
1	Bouquet-d.-L.-Ch..	r. de Longchamps.	r. Croix-Boissière.
1	Bouquet-des-Ch...	r. de Longchamps.	r. Croix-Boissière.
10	Bourbon-le-Château	r. de Bucy........	r. de l'Échaudé.
5	Bourbon-Villeneuve	r. du Petit-Carreau	r. St-Denis.
2	Bourdaloue........	r. Olivier.........	r. St-Lazare.
4	Bourdonnais (des.	q. de la Mégisserie.	r. de la Poterie.
6	Bourg-l'Abbé	r. aux Ours.......	r. Grenetat.
10	Bourgogne (de) ..	q. d'Orsay........	r. de Varennes.
12	Bourguignons (des)	r. de Lourcine....	r. de la Santé.
2	Boursault	r. Pigalle.........	r. Blanche.
2	Bourse (de la)....	r. Vivienne........	r. Richelieu.
7	Bourtibourg.......	r. de la Verrerie...	r. Ste-C.-la-Bret.
9	Boutarel..........	q. d'Orléans.......	r. St-Louis.
11	Boutebrie.	r. Parcheminerie...	r. des Noyers.
5	Bouvines	r. de Dunkerque...	ch. de r. b. St-Denis

ARROND^ts.	RUES.	COMMENCENT	FINISSENT.
7	Braque (de)........	r. du Chaume.....	r. du Temple.
11	Bréa.............	r. N.-D.-des-Champs	b. Mont-Parnasse.
2	Bréda............	r. N.-D.-de-Lorette.	r. Neuve-Bréda.
7	Bretagne (de).....	r. V^lle-du-Temple..	r. du Temple.
6	Breteuil (de)......	r. Réaumur........	r. Vancanson.
9	Bretonvilliers.....	q. de Béthune.....	r. St-Louis.
7	Brisemiche........	r. Cloître-St-Merri..	r. Neuve-St-Merri.
9	Brissac (de).......	boul. Morland.....	r. Crillon.
5	Brongniart........	r. Montmartre.....	r. N.-D.-des-Vict^s.
12	Bruant...........	ch. de r. b. de la Gare.	r. des Deux-Moulins.
2	Bruxelles (de).....	barr. Blanche	r. Malesherbes.
12	Bûcherie (de la)...	pl. Maubert.......	pl. du Petit-Pont.
10	Buci (de).........	carref. de Buci....	car. de l'Abbaye.
2	Buffault (de)......	faub. Montmartre..	r. Lamartine.
12	Buffon (de	r. Geoffroy-S-Hilaire	b. de l'Hôpital.
5	Buisson-St-Louis..	r. St-Maur........	barr. Chopinette.
5	Butte-Chaumont...	b^re de la Boyauderie.	faub. St-Martin.
8	Buttes (des)......	r. de Reuilly......	r. de Picpus.
2	Cadet...........	faub. Montmartre..	r. Lamartine.
6	Cafarelli.........	r. de Bretagne.....	pl. de la Rotonde.
5	Caire (du).......	pl. du Caire.......	r. St-Denis.
2	Calais (de)........	r. Blanche........	pl. Vintimille.
9	Calandre (de la)...	r. de la Cité.......	r. de la Barillerie.
11	Campagne-Prem...	boul. Montparnasse.	boul. d'Enfer.
12	Campo-Formio (de),	pl. de la barr. d'Ivry	boul. de l'Hôpital.
5	Canal-St-Mart. (du).	q. Valmy....	faub. St-Martin.
11	Canettes (des)....	r. du Four........	pl. St-Sulpice.
11	Canivet (du)......	r. Servandoni......	r. Férou.
12	Capucins (des)....	r. de la Santé.....	r. St-Jacques.
12	Cardinal-Lemoine..	q. de la Tournelle..	r. St-Victor.
10	Cardinale.........	r. Furstenberg.....	r. de l'Abbaye.
12	Carmes (des......	r. des Noyers......	r. St Hilaire.
11	Carnot...........	r. de l'Ouest.....	r. N.-D.-des-Champs
8	Caron-Ste-Catherine	mar. Ste Catherine..	r. Jarente.
11	Carpentier........	r. du Gindre.......	r. Cassette.
10	Casimir-Périer....	r. St-Dominique...	r. de Grenelle.
11	Cassette.........	r. Vieux-Colombier.	r. Vaugirard.
12	Cassini..........	faub. St-Jacques...	r. d'Enfer.
1	Castellane........	r. Tronchet.......	r. de l'Arcade.
9	Castex	r. de la Cerisaie....	r. St-Antoine.
1	Castiglione.......	r. Rivoli..........	r. St-Honoré.
4	Catinat..........	r. de la Vrillière...	pl. des Victoires.
1	Caumartin	r. B^d-du-Rempart..	r. St-Lazare.
10	Cendrier (du)....	r. Marché-aux-Chev.	r. Fossés-St-Marcel.
1	Centre (du).......	r. de l'Oratoire....	r. Balzac.
12	Censier..........	r. Geoffroy-St-Hil...	r. Mouffetard.
9	Cérisaie (de la)....	boul. Bourdon.....	r. du Petit-Musc.
2	Chabanais........	r. N^ve-des-P-Champs.	r. Rameau.
3	Chabrol (de)......	faub. St-Denis.....	r. Lafayette.
1	Chaillot (de)......	r. des Batailles....	av. Champs-Élysées.
10	Chaise (de la).....	r. de Grenelle.....	r. de Sèvres.

ARROND^t.	RUES.	COMMENCENT.	FINISSENT.
8	Chalons (de)......	boul. Mazas.......	r. Rambouillet.
10	Champagny......	r. Casimir-Périer...	r. Martignac.
12	Champ-de-l'Alouet.	r. de Lourcine.....	r. Croulebarbe.
10	Champ-de-Mars...	cité Valadon	av. Labourdonnaie.
10	Champ-de-la-Vierg.	r. de Grenelle.....	av. Lamotte-Piquet.
1	Champs (des).....	r. de Longchamps..	r. de Lubeck.
1	Champs-Elysées...	pl. de la Concorde.	faub. St-Honoré
10	Chanaleilles (de)..	r. Vanneau........	r. Barbet-de-Jouy.
9	Chanoinesse......	r. du Cloître-N^e-D^e.	r. de la Colombe.
9	Chantres (des)....	r. Basse-des-Ursins.	r. Chanoinesse.
5	Chapelle (de la)...	r. Lafayette.......	ch. de r. des Vertus.
7	Chapon.	r. du Temple......	r. St-Martin.
2	Chaptal...........	r. Pigalle.........	r. Blanche.
8	Charbon^e-St-Ant^e.	r. de Châlons......	r. Charenton.
12	Charbon^e-St-Marc^l.	r. de l'Arbalète....	r. des Bourguignons
8	Charenton (de)....	pl. de la Bastille...	barr. Charenton.
9	Charlemagne.	r. St-Paul..	r. Nonnains-d'Hyères
6	Charlot..........	r. des Quatre-Fils.	boul. du Temple.
8	Charonne (de) ...	faub. St-Antoine...	barr. Fontarabie.
12	Charretière.......	r. St-Hilaire.......	r. de Reims
5	Chastillon........	r Grange-aux-Bel^{es}.	ch. de r. Chopinette.
1	Chateaubriand....	av. des Ch.-Elysées.	r. de l'Oratoire.
5	Château-d'Eau (du)	r. de la Douane....	faub. St-Denis.
5	Château des Fleurs.	av. des Ch.-Elysées.	r. des Vignes.
1	Château-Landon...	faub. St-Martin....	barr. des Vertus.
2	Chauchat.........	r. Rossini.........	r. de la Victoire.
5	Chaudron.	faub. St-Martin.....	r. Château-Landon
7	Chaume (du).....	r. Blancs-Manteaux.	r. des Quatre-Fils.
1	Chaussée-d'Antin.	r. B^{ds}-du-Rempart..	r. St-Lazare.
8	Chauss^{es}-des-Min^{es}.	pl. Royale........	r. St-Gilles.
1	Chauveau-Lagarde.	pl. de la Madeleine.	r. de la Madeleine.
8	Chemin-de-Lagny.	r. des Ormeaux....	av. des Ormeaux.
1	Chemin de Vers^{les}.	ch de r. des Bassins.	r. des Vignes.
8	Chemin-Vert (du)..	boul. Beaumarchais.	r. Popincourt.
8	Chemin-Vicinal...	r. de Picpus......	pl. du Trône.
11	Cherche-Midi (du).	carr. de la Cr.-Rouge.	r. de Vaugirard.
2	Chérubini........	r. Chabanais......	r. Ste-Anne.
10	Chevert..	a. Latour-Maubourg	av. de Tourville.
11	Chevreuse (de)....	r. N.-D.-des-Champs.	boul. Montparnasse.
10	Childebert........	r. d'Erfurth...	r. Ste Marthe.
2	Choiseul (de)......	r. N^e-St-Augustin...	boul. des Italiens.
5	Chopinette (de la).	r. St-Maur........	barr. Chopinette.
11	Christine.........	r. des Grands-Aug.	r. Dauphine.
12	Cimetière-St-Benoît	r. Fromentel	r. St-Jacques.
1	Cirque (du).......	av. Gabrielle.......	faub. St-Honoré.
10	Ciseaux (des).....	r. Ste-Marguerite...	r. du Four.
9	Cité (de la).......	r. de la Pelleterie..	Petit-Pont.
5	Claude-Vellefaux..	r. de la Chopinette.	r. Grange-aux-Belles
12	Clef (de la).......	r. Lacépède........	r. d'Orléans.
11	Clément..........	r. d. Seine........	r. Mabillon.
3	Cléry (de)........	r. Montmartre	boul. B^{ne}-Nouvelle.

ARROND.	RUES.	COMMENCENT.	FINISSENT.
1	Clichy (de)	r. St-Lazare	barr. Clichy.
7	Cloche-Perce	r. S.-Antoine	r. du Roi-de-Sicile.
12	Clre-des-Bernardns.	r. des Bernardins	r. de Poissy.
9	Cloître-Nre-Dame	r. d'Arcole	r. Chanoinesse.
11	Cloitre-S.-Benoît.	r. des Mathurins	r. de la Sorbonne.
5	Clre-St-J.-l'Hôpital.	r. Gr.-Truanderie	r. Mauconseil.
7	Cloître-St-Merri.	r. du Renard-St-Mer.	r. St-Martin.
12	Clopin	r. des Fossés-St-Vor.	r. d'Arras.
12	Clos-Bruneau (du).	r. de la Montagne	r. des Carmes.
2	Clos-Georgeau(du).	r. Fontaine-Molière.	r. Ste-Anne.
12	Clotaire	pl. du Panthéon	pl. de l'Estrapade.
12	Clovis	r. des Fossés-S.-Vor.	pl. Ste-Geneviève.
11	Cluny (de)	pl. de la Sorbonne	r. Soufflot.
9	Cocatrix	r. Constantine	r. des Trois-Canettes
12	Cochin	r. Pascal	r. de Lourcine.
2	Colbert	r. Vivienne	r. Richelieu.
9	Coligny	q. Henri IV	boul. Morland.
1	Colisée (du)	av. Champs-Elysées.	faub. St-Honoré.
9	Colombe (de la)	q. Napoléon	r. Chanoinesse.
2	Colonnes (des).	r. des Filles-St-Thom.	r. Feydeau.
10	Comète (de la)	r. St-Dominique	r. de Grenelle.
11	Condé	car. de l'Odéon	r. de Vaugirard.
2	Conservatoire (du)	r. Bergère	r. Richer.
9	Constantine (de).	r. d'Arcole	pl. du Pal.-de-Justice
1	Constantinople (de)	pl. de l'Europe	bar. Monceaux.
6	Conté	r. du V.-M.-St-Martn	r. Vaucanson.
5	Contrat Social (du)	r. de la Tonnellerie.	r. des Prouvaires.
11	Contresc.-Dauphne.	r. Dauphine	r. St-André-des-Arts
12	Contresc.-St-Marcel	r. des Fos.-St-Victor.	r. Neuve-Ste-Genev.
3	Coq-Héron	r. Coquillière	r. Pagevin.
7	Coq-St-Jean (du).	r. de la Verrerie	r. de Rivoli.
4	Coquillière	r. du Jour	r. Croix-des-P.-Ch.
5	Corbeau	r. Bichat	r. St-Maur.
12	Cordelières (des).	r. de Lourcine	r. Pascal.
2	Corderie-St-Honoré	r. St-Roch	r. du Marché-St-Hon.
6	Corder.-du-Temple	pl. de la Rotonde	r. Dupetit-Thouars.
11	Cordiers (des)	r. St-Jacques	r. de Cluny.
11	Corneille	pl. de l'Odéon	r. Vaugirard.
12	Cornes (des)	r. du Banquier	r. des Fos.-St-Marcel
4	Cossonnerie (de la)	r. St-Denis	r. des Halles.
8	Cotte (de)	r. Charenton	faub. St-Antoine.
1	Courcelles (de)	r. de la Pépinière	bar. de Courcelles.
1	Cours-la-Reine	pl. de la Concorde	q. de Billy.
4	Courtalon	r. St-Denis	pl. Ste-Opportune.
10	Courty (de)	r. de Lille	r. de l'Université.
7	Coutellerie (de la)	avenue Victoria	r. de Rivoli.
8	Coutures-St-Gervais	r. Thorigny	r. Vieille-du-Temple
11	Crébillon	r. de Condé	pl. de l'Odéon.
9	Crillon (de)	boul. Morland	r. de l'Orme.
5	Croissant (du)	r. du Sentier	r. Montmartre.
1	Croix-Boissière	r. de Longchamps.	ch. de r. b. des Pass.

ARROND[s].	RUES.	COMMENCENT.	FINISSENT.
4	Croix-des-Pet.-Ch.	r. St-Honoré......	pl. des Victoires.
1	Croix-du-Roule....	r. du F.-St-Honoré..	r. de Courcelles.
12	Croulebarbe.. ...	r. Mouffetard.......	boul. des Gobelins.
6	Crussol (de)......	boul. du Temple...	q. Valmy.
12	Culettes (des)....	r. Croulebarbe.....	r. du Petit-Gentilly.
7	Culture-Ste-Cathne.	r. St-Antoine......	r. du Parc-Royal.
12	Cuvier...........	q. St-Bernard......	r. St-Victor.
5	Cygne (du).......	r. St-Denis........	r. Mondétour.
2	Dalayrac..........	r. Méhul..........	r. Monsigny.
5	Damiette (de	cour des Miracles...	pl. du Caire.
1	Dauphin (du).....	r. de Rivoli.......	r. St-Honoré.
11	Dauphine.........	q. des Augustins...	car. de Buci.
8	Daval	boul. Beaumarchais.	r. de la Roquette.
4	Déchargeurs (des .	r. de Rivoli	r. St-Honoré.
11	Delambre.........	boul. Montparnasse.	bar. Montparnasse.
2	Delta-Poissonnière	faub. Poissonnière..	r. Rochechouart.
5	Denain (de).......	r. du Nord........	r. de Dunkerque.
12	Dervilliers........	r. du C.-de-l'Alouette	r. des Anglaises.
10	Desaix	aven. Suffren......	ch. de r. h. de Grenel.
12	Descartes.........	r. de la Montagne...	r. des Fos.-St-Victor
1	Desèze	r. Basse-du-Rempart	pl. de la Madeleine.
4	Deux-Boules (des).	r. des Lavandières..	r. Bertin-Poirée.
4	Deux-Ecus (des)...	r. des Prouvaires...	r. Grenelle-St-Hon.
9	Deux-Ermites.....	r. Constantine.....	r. des Marmousets.
12	Deux-Moulins	ch. de r. b. de la Gare	boul. de l'Hôpital.
9	Deux-Ponts.......	q. de Béthune......	q. d'Anjou.
11	Deux-Ptes-St-André.	r. de la Harpe......	r. Hautefeuille.
7	Deux-Ptes-St-Jean ..	r. de Rivoli.......	r. de la Verrerie.
5	Deux-Ptes-St-Sauveur	r. du Petit-Lion....	r. Thévenot
2	Douai.............	r. de la Fontaine...	ch. de r. b. Blanche.
5	Douane	r. de Bondy.......	q. Valmy.
8	Douze-Portes	r. Neuve-St-Pierre..	r. St-Louis-Marais.
10	Dragon (du)	r. Taranne........	c. de la Croix-Rouge.
2	Drouot...........	boul. Montmartre...	r. de Provence.
8	Du Colombier.....	r. St-Antoine......	r. d'Ormesson.
11	Duguay-Trouin ...	r. de Fleurus......	r. de l'Ouest.
10	Duguesclin.......	r. Bayard.........	r. Dupleix.
5	Dunkerque (de)...	faub. St-Denis......	r. Rochechouart.
2	Duperré..........	r. de la F.-St-Georges	pl. de la b. Montmart.
6	Dupetit-Thouars ..	r. Corderie-du-Temp	r. du Temple.
1	Duphot	r. St-Honoré.......	boul. de la Madeleine
10	Dupleix..........	avenue Suffren....	b. de Lamotte-Piquet
4	Dupont...........	r. de Chaillot......	r. Basse-St-Pierre.
10	Duroc............	boul. des Invalides.	pl. de Breteuil.
10	Duvivier..........	r. de Grenelle.....	av. Lamotte-Piquet.
10	Eblé.............	boul. des Invalides	av. de Breteuil.
8	Echarpe (de l')...	pl. Royale........	r. St-Louis.
7	Echaudé-Marais. .	r. Vieille-du-Temple	r de Poitou.
10	Echaudé-St-Germ..	r. de Seine........	car. de l'Abbaye.
1	Echelle (de l'). ..	r. de Rivoli.......	r. St-Honoré.
3	Echiquier (de l')..	faub. St-Denis......	faub. Poissonnière.

ARROND^t	RUES.	COMMENCENT.	FINISSENT.
5	Ecluses St-Martin..	r. Grange-aux-Belles	faub. St-Martin.
11	Ecole-de-Médecine.	b. de Sébastopol, r.g.	pl. Ste-Marguerite.
12	Ecole-Polytechniq .	r. Mont.-Ste-Genev..	r. des Carmes.
11	Ecoles (des)......	b. de Sébastopol, r.g.	
12	Ecosse (d')........	r. St-Hilaire.........	r. du Four.
7	Ecouffes (des) ...	r. du Roi-de-Sicile..	r. des Rosiers.
1	Ecuries-d'Artois ...	r. d'Angoulême....	faub. St-Honoré.
10	Eglise (de l').....	r. St-Dominique....	av. Lamotte-Piquet.
10	Egout (de l').....	r. Taranne.........	r. du Four.
7	Enfants-Rouges...	r. Pastourel.......	r. Portefoin.
11	Enfer (d')........	pl. S-Michel.......	bar. d'Enfer.
5	Enghien (d')......	faub. St-Denis.....	faub Poissonnière.
5	Entrepôt (de l')...	r. de la Douane.....	r. de Lancry.
12	Epée-de-Bois.....	r. Gracieuse.......	r. Mouffetard.
11	Eperon (de l').....	r. St-André-des-Arts.	r. du Jardinet.
10	Erfurth (d').......	r. Childebert.......	r. Ste-Marguerite.
12	Essai (de l')......	r. Marché-aux-Chev.	r. Poliveau.
11	Est (de l')........	r. d'Enfer.........	c. de l'Observatoire.
4	Estienne..........	r. Boucher........	r. de Rivoli.
10	Estrée (d')........	boul. des Invalides.	pl. Fontenoy.
9	Etoile (de l').....	q. des Ormes......	r. de l'Hôtel-de-Ville
2	Evêque (de l') ...	r. des Frondeurs...	r. des Orties.
9	Fauconnier........	r. de l'Hôtel-de-Ville	r. Charlemagne.
2	Favart...........	r. Grétry.........	boul. des Italiens.
11	Félibien	r. Clément	r. Lobineau.
9	Femme-sans-Tête .	r. St-Louis........	q. Bourbon.
5	Fénelon..........	pl. Lafayette......	r. Belzunce.
12	Fer-à-Moulin.....	r. Geoffroy-St-Hilaire	r. Mouffetard.
6	Ferdinand-St-Maur	r. des Trois-Couron.	r. de l'Orillon.
6	Ferdin.-Berthoud.	r. Montgolfier......	r. Vaucanson.
10	Ferme - de-Grenelle	aven. de Suffren....	av. Lamotte-Piquet.
1	Ferme-des-Mathur.	r. Basse-du-Rempart	r. St-Nicolas.
11	Férou............	pl. St-Sulpice.	r. Vaugirard.
4	Ferronnerie	r. St-Denis........	r. de la Lingerie.
4	Fers (aux)........	r. St-Denis........	r. de la Lingerie.
9	Fèves (aux)......	r. Constantine.....	r. de la Calandre.
2	Feydeau..........	r. Montmartre....	r. Richelieu.
5	Fidélité (de la)...	faub. St-Martin.....	faub. St-Denis.
9	Figuier-St-Paul ...	r. de l'Etoile......	r. Charlemagne.
5	Filles-Dieu	r. St-Denis........	r. Bourb.-Villeneuve
6	Filles-du-Calvaire.	r. St-Louis........	boul. des Fil.-du-C.
2	Filles-St-Thomas..	r. Vivienne........	r. Richelieu.
2	Fléchier..........	r. Olivier..........	faub. Montmartre.
11	Fleurus (de).....	j^in du Luxembourg..	r. N.-D.-des-Champs
8	Foin (du)........	chaus. des Minimes	r. St-Louis.
6	Folie-Méricourt ...	r. Ménilmontant....	r. Fontaine-au-Roi.
8	Folie-Regnault.. .	r. de la Muette.....	r. des Amandiers.
6	Fontaine-au-Roi...	r. du Faub.-du-Tem.	r. St-Maur.
2	Fontaine-Molière..	r. St-Honoré......	r. Richelieu.
2	Fontaine-St-Georg.	r. Pigalle.........	bar. Blanche.
12	Fontaine-St-Marcel	r. d'Orléans........	r. du Puits-de-l'Erm.

ARROND.ᵗ	RUES.	COMMENCENT.	FINISSENT.
6	Fontaines-du-Tem.	r. du Temple......	r. Volta.
6	Forez (du).	r. Charlot........	r. Beaujolais.
5	Forges (des)......	r. Damiette........	r. du Caire.
1	Fortin..........	r. de Ponthieu....	r. des Écur.-d'Artois
5	Fossés-Montmartre	pl. des Victoires...	r. Montmartre.
12	Fossés-Sᵗ-Bernard.	q. Sᵗ-Bernard......	r. Sᵗ-Victor.
4	Fos.-Sᵗ-G.-l'Auxer.	r. de Rivoli......	pl. du Louvre.
12	Fossés-Sᵗ-Jacques.	r. Sᵗ-Jacques.......	r. de la Vieil.-Estrap.
12	Fossés-Sᵗ-Marcel..	r. du Fer-à-Moulin..	r. Mouffetard.
5	Fossés-Sᵗ-Martin..	r. de la Chapelle....	f. Sᵗ-Denis.
12	Fossés-Sᵗ-Victor..	r. Sᵗ-Victor........	r. Descartes.
6	Fossés-du-Temple	r. Ménilmontant....	f. du Temple.
12	Fouarre (du).....	r. de la Bûcherie...	r. Galande.
11	Four-Sᵗ-Germain..	car. de l'Abbaye....	car. de la C.-Rouge.
5	Four-Sᵗ-Honoré...	r. Sᵗ-Honoré......	r. Coquillière.
12	Four-Sᵗ-Jacques...	r. des Sept-Voies..	r. d'Écosse.
9	Fourcy-Sᵗ-Antoine.	r. de Jouy........	r. Sᵗ-Antoine.
12	Fourcy-Sᵗᵉ-Genev..	r. Descartes.......	r. de la Vieil.-Estrap.
11	Fourneaux (des)..	r. de Vaugirard....	bar. des Fourneaux.
4	Fourreurs (des)...	pl. Sᵗᵉ-Opportune...	r. des Déchargeurs.
5	Française........	r. Mauconseil......	r. du Petit-Lion.
7	Francs-Bourg.-Ma.	r. Payenne........	r. Vieille-du-Temple
12	Fr.-Bour.-Sᵗ-Marcel	r. des Fos.-Sᵗ-Marc.	pl. de la Collégiale.
2	Frochot..........:	r. Laval..........	pl. de la Bar.-Mont.
12	Fromentel........	r. Sᵗ-Jean-de-Latran	r. du Cim.-Sᵗ-Benoit
2	Frondeurs........	r. Sᵗ-Honoré.......	r. de l'Anglade.
12	Fulton...........	q. d'Austerlitz......	r. de la Gare.
10	Furstemberg......	r. Jacob..........	r. de l'Abbaye.
2	Gaillon..........	rue N.-des-P.-Cham.	r. Neuve-Sᵗ-Augustin
12	Galande..........	pl. Maubert........	r. du petit-Pont.
6	Gambey..........	r. Ménilmontant...	r. d'Angoulême.
11	Garancière.......	r. S.-Sulpice.......	r. de Vaugirard.
12	Gare (de la)......	r. de l'Hôpital......	ch. de r. b. de la Gare
1	Gasté...........	r. Basse-Sᵗ-Pierre...	r. de Chaillot.
12	Gentilly (de)......	r. Mouffetard......	boul. des Gobelins.
7	Geoffroy-Langevin.	r. du Temple......	r. Beaubourg.
9	Geoffroy-Lasnier..	q. de la Grève.....	r. Sᵗ-Antoine.
2	Geoffroy-Marie ...	faub. Montmartre..	r. Richer.
12	Geoffroy-Sᵗ-Hilaire.	r. Lacépède.......	r. du Fer-à-Moulin.
9	Gervais-Laurent ..	r. de la Cité......	r. du M.-aux-Fleurs.
11	Gindre (du).......	r. Vieux-Colombier.	r. de Mézières.
11	Gît-le-Cœur	q. des G.-Augustins	r. Sᵗ-André-des-Arts
12	Glacière (de la)...	r. de Lourcine.....	bar. de la Glacière.
9	Glatigny..........	q. Napoléon........	r. des Marmousets.
12	Gobelins (des)....	r. Mouffetard......	r. Croulebarbe.
12	Godefroy...	pl. de la Bᵉ.-d'Italie	ch. de r. bar. d'Ivry.
1	Godot-de-Mauroy..	r. Basse-du-Rempart	r. Neuve-des-Math.
12	Gracieuse........	r. d'Orléans........	r. Lacépède.
2	Grammont (de)...	r. N.-Sᵗ-Augustin..	boul. des Italiens.
11	Grands-Augustins.	q. des G.-Augustins.	r. Sᵗ-André-des-Arts
7	Grand-Chantier ...	r. des Quatre-Fils..	r. Pastourel.

ARROND^t	RUES.	COMMENCENT.	FINISSENT.
11	Grande-Chaumière	r. N.-D.-des-Champs.	boul. Montparnasse.
12	Grands-Degrés ...	q. de la Tournelle..	pl. Maubert.
6	Grand-Hurleur ...	r. St-Martin........	boul. Sébastopol r. d.
6	Grand-Prieuré	r. Ménilmontant.. .	r. de la Tour.
5	Grand-St-Michel ..	q. Valmy..........	r. du faub. St-Martin
5	Grande-Truanderie	r. St-Denis........	r. Montorgueil.
5	Grange-aux-Belles.	q. Jemmapes......	bar. de la Boyauderie
2	Grange-Batelière..	faub. Montmartre.	r. Chauchat.
6	Gravilliers (des)...	r. du Temple......	r. St-Martin.
1	Greffulhe	r. Castellane... ..	r. Neuve-des-Mathur
10	Grégoire-de-Tours.	r. de Buci.........	r. des Quatre-Vents.
10	Grenelle-St-Germ .	c. de la Croix-Rouge.	av. Labourdonnaie.
4	Grenelle-St-Honor.	r. St-Honoré.......	r. Coquillière.
6	Grenétat.........	r. St-Martin........	r. St-Denis.
7	Grenier-St-Lazare .	r. Beaubourg......	r. St-Martin.
9	Grenier-sur-l'Eau .	r. Geoffroy-Lasnier.	r. du Pont-Louis-Ph.
11	Grès (des)........	r. St-Jacques.......	r. de la Harpe.
2	Grétry...........	r. Favart....	r. de Grammont.
10	Gribeauval	r. du Bac.........	pl. S^t-Th.-d'Aquin.
12	Gril (du).........	r. Censier.........	r. d'Orléans.
10	Guénégaud.......	q. Conti..........	r. Mazarine.
6	Guérin-Boisseau..	r. St-Martin........	r. St-Denis.
9	Guillaume	q. d'Orléans.......	r. St-Louis.
7	Guillemites (des)..	r. des Blancs-Mant..	r. Paradis.
11	Guisarde.........	r. Mabillon........	r. des Canettes.
12	Guy-de-la-Brosse..	r. de Jussieu.... ..	r. St-Victor.
4	Halles (des)	r. St-Denis.........	r. Lavand^{res}-S^t-Op
4	Halles-Centrales ..	r. aux Fers........	r. Rambuteau.
1	Hambourg	r. d'Amsterdam....	r. Cisalpine
2	Hanovre (de).....	r. de Choiseul......	r. Louis-le-Grand.
8	Harlay-Marais	boul. Beaumarchais	r. St-Claude.
11	Harlay-Palais.....	q. de l'Horloge....	q. des Orfèvres.
2	Hasard (du)......	r. Richelieu.......	r. Ste-Anne.
9	Haut-Moulin......	r. Glatigny..	r. de la Cité.
12	Haut-Pavé........	q. Montebello......	r. de la Bûcherie.
9	Haute-des-Ursins .	r. St-Landry.......	r. Glatigny.
11	Hautefeuille......	p. St-André-des-Arts	r. de l'École-de-Méd.
3	Hauteville........	b. Bonne-Nouvelle..	r. Lafayette.
1	Havre (du).......	r. St-Nicolas	r. St-Lazare.
2	Helder (du).......	boul. des Italiens..	r. Taitbout.
6	Henri............	r. Bailly......... ..	r. Réaumur.
11	Hirondelle (de l')..	pl. du Pont-St-Mich.	r. Git-le-Cœur.
7	Homme-Armé.....	r. S^{te}-Cr.-de-la-Bret.	r. des Blancs-Mant.
11	Honoré-Chevalier..	r. Bonaparte.......	r. Cassette.
5	Hôpital-St-Louis ..	r. des Récollets....	bar. du Combat.
7	Hospitalières-St-G.	r. des Rosiers.....	r. des Francs-Bourg.
12	Hôtel-Colbert.....	q. Montebello......	r. Galande.
9	Hôtel-de-Ville	r. de l'Etoile.......	r. Lobau.
11	Huchette.........	r. du Petit-Pont....	r. de la Harpe.
10	Iéna (d')...	q. d'Orsay........	r. de Grenelle.
10	Ile-des-Cygnes....	r. de la Vierge.....	q. d'Orsay.

ARRONDᵗ.	RUES.	COMMENCENT.	FINISSENT.
12	Irlandais (des)....	r. des Postes......	r. de la Vieil.-Estrap.
1	Isly (d').........	r. du Havre.......	r. de l'Arcade.
12	Ivry (d'.........	r. du Banquier....	boul. de l'Hôpital.
10	Jacob...........	r. de Seine........	r. des Sᵗˢ-Pères.
8	Jacquart........	r. Ternaux........	r. Ménilmontant.
9	Jacques-de-Brosse.	q. de la Grève....	r. François-Miron.
6	Japy...........	r. Mignon.........	r. de l'Éperon.
9	Jardins-St-Paul...	q. Sᵗ-Paul........	r. Charlemagne.
1	Jardins-Chaillot...	r. Sᵗᵉ-Geneviève...	Impas. des Réserv.
8	Jarente..........	r. du Val-Sᵗᵉ-Cather	r. Cult.-Sᵗᵉ-Cather.
11	Jean-Bart........	r. de Vaugirard ...	r. de Fleurus.
8	Jean-Beau-Sire ...	pl. de la Bastille..	boul. Beaumarchais.
1	Jean-Goujon......	av. d'Antin.......	Cours-la-Reine.
5	J.-J.-Rousseau....	r. Coquillière......	r. Montmartre.
4	Jean Lantier......	r. des Lavandières.	r. Bertin-Poirée.
4	Jean-Tison.......	r. de Rivoli.......	r. Bailleul.
2	Jeannissou.......	r. Sᵗ-Honoré......	r. Richelieu.
11	Jérusalem (de) ...	q. des Orfévres....	r. de Nazareth.
5	Jeûneurs.........	rue Poissonnière...	rue Montmartre.
5	Joquelet.........	rue Montmartre....	rue N.-D.-des-Vict.
1	Joubert..........	rue de la Ch.-d'Ant.	rue Caumartin.
12	Jouffroy.........	quai d'Austerlitz...	rue de la Gare.
5	Jour (du)..........	rue Coquillière	rue Montmartre.
9	Jouy (de)........	rue de Fourcy.....	rue Saint-Antoine.
7	Juges-Consuls ...	rue de la Verrerie..	r. du Cloître-S.-Mer.
7	Juifs (des).......	rue du Roi-de-Sicile.	rue des Rosiers.
12	Julienne.........	rue Pascal........	rue de Lourcine.
3	Jussienne (de la)..	rue Pagevin.......	rue Montmartre.
12	Jussieu (de)......	rue Cuvier........	place Saint-Victor.
10	Kléber...........	quai d'Orsay.......	avenue Suffren.
1	Laborde..........	rue du Rocher.....	rue Miroménil.
10	Labourdonnaie....	avenue de Tourville.	avenue Lowendahl.
2	Labruyère (de)....	rue N.-D.-de-Lorette	rue Pigalle.
12	Lacépède.........	rue Saint-Victor....	rue Mouffetard.
8	Lacuée...........	place Mazas........	rue de Bercy.
5	Lafayette.........	faub. Poissonnière..	barrière de Pantin.
2	Laferrière........	rue N.-D.-de-Lorette	rue Bréda.
4	Lafeuillade.......	place des Victoires..	rue de La Vrillière.
2	Laffitte..........	boul. des Italiens...	rue Olivier.
11	La Harpe (de).....	rue de la Huchette..	place Saint-Michel.
2	Lamartine........	rue Cadet.........	rue des Martyrs.
5	Lancry (de).......	rue de Bondy......	quai Valmy.
4	Lard (au).........	rue de la Lingerie .	r. des Bourdonnais.
5	La Réale (de)... .	rue Rambuteau....	r. de la Gr.-Truand.
6	La Reynie........	rue Saint-Martin...	rue Saint-Denis.
2	Larochefoucauld..	rue Saint-Lazare...	rue Pigalle.
11	Larrey..........	rue du Jardinet....	r. de l'École-de-Méd.
10	Las-Cases........	rue Bellechasse....	rue Casimir-Périer..
2	Latour-d'Auvergne.	rue Rochechouart..	rue des Martyrs.
2	Laval............	rue des Martyrs....	rue Pigalle.
12	Lavandières-Sᵗ-J...	place Maubert......	rue des Noyers.

ARROND^t.	RUES.	COMMENCENT.	FINISSENT.
4	Lavandières-Ste-O.	rue St.-Germ.-l'Aux.	p. Sainte-Opportune.
1	Lavoisier	rue d'Anjou	rue d'Astorg.
12	Leclerc	faub. Saint-Jacques.	boul. Saint-Jacques.
8	Lenoir-St-Antoine	p. du Marché-Beauv.	faub. Saint-Antoine.
2	Léonie	rue Boursault	rue Chaptal.
2	Lepelletier	boul. des Italiens	rue de Provence.
9	Le Regrattier	quai d'Orléans	rue Saint-Louis.
9	Lesdiguières	rue de la Cerisaie	rue Saint-Antoine.
9	Licorne (de la)	rue de Constantine.	r. Saint-Christophe.
10	Lille (de)	rue des Saints-Pères.	rue de Bourgogne
4	Limace (de la)	rue des Déchargeurs	r. des Bourdonnais.
7	Limoges (de)	rue de Poitou	rue de Bretagne.
4	Lingerie (de la)	r. de la Ferronnerie.	rue de la Poterie.
9	Lions-St-Paul	rue du Petit-Musc.	rue Saint-Paul.
1	Lisbonne (de)	rue Malesherbes	rue Cisalpine.
11	Lobineau	rue de Seine	rue Mabillon.
6	Lombards (des)	rue Saint-Martin	rue Saint-Denis.
1	Londres (de)	rue de Clichy	place d'Europe.
1	Longchamps (de)	rue de Chaillot	b. de Longchamps.
1	Lord-Byron	rue Chateaubriand	rue Bel-Respiro.
1	Louis-le-Grand	r. N.-des-P.-Champs	boul. des Capucines.
8	Louis-Philippe	rue de la Roquette.	rue de Charonne.
12	Lourcine (de)	rue Mouffetard	rue de la Santé.
2	Louvois	rue Richelieu	rue Sainte-Anne.
4	Louvre (du)	rue de Rivoli	rue Saint-Honoré.
1	Lubeck (de)	rue Croix-Boissière.	ch. de ronde b. Ste-M.
2	Lulli (de)	rue Louvois	rue Rameau.
5	Lune (de la)	boul. Bonne-Nouv.	rue Poissonnière.
1	Luxembourg (de)	rue de Rivoli	b. de la Madeleine.
8	Lyon (de)	boul. Mazas	b. de la Contrescarpe
12	Lyonnais (des)	rue de Lourcine	r. des Charbonniers.
11	Mabillon	rue du Four	rue Saint-Sulpice.
11	Maçons-Sorbonne	rue des Mathurins	p. de la Sorbonne.
11	Madame	rue de Mézières	rue de l'Ouest.
1	Madeleine (de la)	faub. Saint-Honoré	r. N.-des-Mathurins.
1	Madrid (de)	place de l'Europe	rue Malesherbes.
1	Magdebourg (de)	quai de Billy	rue des Batailles.
5	Mail (du)	p. des Petits-Pères.	rue Montmartre.
12	Maître-Albert	q. de la Tournelle	place Maubert.
10	Malar	quai d'Orsay	rue St.-Dominique.
1	Malesherbes	place Laborde	barrière Monceaux.
7	Malher	rue de Rivoli	rue Pavée-Marais.
6	Malte (de)	rue Ménilmontant	faub. du Temple.
5	Mandar	rue Montorgueil	rue Montmartre.
10	Marais-St-Germ	rue de Seine	rue Bonaparte.
5	Marais-St-Martin	faub. du Temple	faub. Saint-Martin.
1	Marbeuf	rue Bizet	aven. des Ch.-Elys.
1	Marc.-d'Aguesseau	rue d'Aguesseau	rue des Saussaies.
7	Marc.-d.-Bl.-Mant.	r. des Hospitalières	r. Vieille-du-Temple
12	Marché-aux-Chev.	rue Poliveau	boul. de l'Hôpital.
9	Marché-aux-Fleurs	r. de la Pelleterie	rue Constantine.

ARROND.[e]	RUES	COMMENCENT.	FINISSENT.
12	M.-des-Patriarches	rue des Patriarches.	rue d'Orléans.
2	Marché-St-Honoré..	rue Saint-Honoré..	r. N.-des-P.-Champs
4	Marengo..........	rue de Rivoli......	rue Saint-Honoré.
5	Marie-Stuart	rue des Deux-Portes.	rue Montorgueil.
2	Marivaux (de)....	rue Grétry.......	boul. des Italiens.
9	Marmousets (des).	rue de la Colombe..	rue de la Cité.
12	Marmousets-St-M..	rue des Gobelins...	rue Saint-Hippolyte.
5	Marqfoy..........	r. du Gr.-St.-Michel.	rue des Écluses.
5	Marseille (de)....	rue de l'Entrepôt...	quai Valmy.
2	Marsollier........	rue Méhul........	rue Monsigny.
3	Martel	r. des Pet.-Écuries..	r. Paradis-Poissonn.
10	Martignac........	r. Saint-Dominique.	rue de Grenelle.
2	Martyrs (des)....	rue Lamartine	barrière des Martyrs.
10	Masseran........	rue Éblé.........	rue de Sèvres.
9	Massillon........	rue Chanoinesse...	r. Cloître-N.-Dame.
11	Mathurins-St-Jacq..	rue Saint-Jacques..	b. Sébastopol (r. g.).
1	Matignon........	avenue Matignon ..	faub. Saint-Honoré.
7	Maubué.........	rue Beaubourg....	rue Saint-Martin.
5	Mauconseil.......	rue Saint-Denis....	rue Montorgueil.
7	Maure (du).......	rue Beaubourg.....	rue Saint-Martin.
10	Mayet	rue de Sèvres......	r. du Cherche-Midi.
3	Mazagran........	boul. Bonne-Nouv..	rue de l'Échiquier.
10	Mazarine.........	rue de Seine.......	rue de Buci.
12	Méchain.........	rue de la Santé....	faub. Saint-Jacques.
2	Méhul	r. N.-d.-P.-Champs.	place Ventadour.
2	Ménars	rue Richelieu......	rue de Grammont.
8	Ménilmontant.....	r. des Fossés-du-T.	barr. Ménilmontant.
4	Mercier..........	rue des Viarmes....	r. Grenelle-St.-Hon.
6	Meslay..........	rue du Temple.....	rue Saint-Martin.
5	Messageries (des)..	rue Hauteville.....	faub. Poissonnière.
1	Messine (de)......	rue Valois-du-Roule.	aven. de Plaisance.
5	Metz (de).	rue de Strasbourg..	rue de Nancy.
11	Mézières (de).....	rue Bonaparte.....	rue Cassette.
7	Michel-le-Comte...	rue du Temple.....	rue Beaubourg.
2	Michodière (de la).	r. N.-St-Augustin..	boul. des Italiens.
11	Mignon..........	rue Serpente.......	rue du Jardinet.
1	Milan (de).	rue de Clichy......	rue d'Amsterdam.
9	Milieu-des-Ursins.	quai Napoléon.....	r. Haute-des-Ursins.
8	Minimes	rue des Tournelles.	rue Saint-Louis.
1	Miromesnil.......	faub. Saint-Honoré.	r. Valois-du-Roule.
1	Mogador	r. N.-des-Mathurins.	rue Saint-Nicolas.
2	Moineaux (des)....	rue des Orties......	rue Saint-Roch.
7	Molay...........	rue Portefoin......	rue de Bretagne.
11	Molière	place de l'Odéon ..	rue de Vaugirard.
1	Monceau	faub. Saint-Honoré.	rue de Courcelles.
2	Moncey..........	rue Blanche	rue de Clichy.
4	Mondétour........	rue des Prêcheurs..	rue Mauconseil.
1	Mondovi.	rue de Rivoli	rue Mont-Thabor.
4	Monnaie (de la)...	p. des Trois-Maries.	rue de Rivoli.
10	Monsieur (de).....	r. de Babylone....	r. Oudinot.
11	Monsieur-le-Prince.	car. de l'Odéon....	pl. St-Michel.

ARROND^{ts}.	RUES.	COMMENCENT	FINISSENT.
2	Monsigny..........	r. Marsollier......	r. N^e-St-Augustin.
12	M.-Ste-Geneviève ..	r. St-Victor........	r. des Prêtres.
1	Montaigne........	av. Champs-Elysées	f. St-Honoré.
4	Montesquieu......	r. C.-des-P.-Champs	r. Bons-Enfants.
11	Montfaucon (de)..	r. du Four........	r. Clément
8	Montgallet........	r. de Charenton....	r. de Reuilly.
6	Montgolfier.......	r. Comté	r. du Vertbois.
2	Montholon........	f. Poissonnière....	r. Cadet.
2	Montmartre (f)...	boul. Montmartre..	r. Lamartine.
5	Montmartre.......	pl. St-Eustache....	b. Montmartre.
7	Montmorency.....	r. du Temple.....	r. St-Martin.
5	Montorgueil......	pl. St-Eustache....	r. St-Sauveur.
11	Mont-Parnasse....	r. N.-D.-des-Champs	b. Mont-Parnasse.
2	Montpensier......	r. Richelieu.......	r. Beaujolais.
8	Montreuil (de)....	f. St-Antoine......	bar. de Montreuil.
1	Mont-Thabor (du).	r. d'Alger........	r. Mondovi.
2	Montyon	r. Geoffroy-Marie..	r. de Trévise.
8	Moreau	r. de Bercy......	r. de Charenton.
6	Moret............	r. Ménilmontant...	r. Trois-Couronnes.
9	Mornay	r. de Sully.......	r. de Crillon.
1	Moscou (de)......	r. de Berlin.......	r. St-Pétersbourg.
12	Mouffetard	r. de Fourcy......	pl. d'Italie.
8	Moufle (du)	r. du Chemin-Vert.	q. Jemmapes.
2	Moulins (des).....	r. des Orties......	r. N^e-d.-P.-Champs
8	Moulins-St-Antoine	bar. de Reuilly....	r. de Picpus.
7	Moussy...........	r. de la Verrerie...	r. Ste-C.-la-Breton^e.
8	Muette (de la).....	r. de Charonne....	r. de la Roquette.
5	Mulhouse (de)....	r. de Cléry.......	r. des Jeûneurs.
12	Mûrier (du)......	r. St-Victor.......	r. Traversine.
5	Nancy (de).......	faub. St-Martin....	r. de Metz.
1	Naples (de).......	pl. de l'Europe....	b. de la Réforme.
2	Navarin (de)......	r. des Martyrs.....	r. Bréda.
8	Necker...........	r. d'Ormesson.....	r. de Jarente.
6	Nemours (de).....	r. Ménilmontant...	r. d'Angoulème-T.
2	N^e-d.-Bons-Enfants	r. des Bons-Enfants	r. N^e-P.-Champs.
6	N^e-Bourg-l'Abbé ..	r. St-Martin.......	b. Sébastopol.
2	Neuve-Bréda.	r. des Martyrs.....	pl. Bréda.
8	Neuve-de-Bretagne	r. N^e-Ménilmontant.	r. St-Louis.
1	N^e-des-Capucines .	r. de la Paix......	b. des Capucines.
2	Neuve-Coquenard.	r. Lamartine......	r. Latour-d'Auverg^e
2	Neuve-Fontaine...	r. Duperré........	ch. de r. b. Mont^{re}.
11	Neuve - Guillemin .	r. du F.-St-Germain	r. Vieux-Colombier.
8	Neuve-de-Lappe...	r. de Charonne....	r. de la Roquette.
2	Neuve-des-Martyrs.	r. des Martyrs.....	r. Latour-d'Auverg^e
1	N^e-des-Mathurins .	r. Chaussée-d'Antin.	r. de la Madeleine.
8	N^e-Ménilmontant .	r. St-Louis........	b Filles-Calvaire.
2	N^e-Montmorency ..	r. Feydeau........	r. St-Marc.
9	N^e-Notre-Dame. ..	pl. du P.-N.-Dame.	r. de la Cité
2	N^e-des-P^{ts}-Champs.	r. de la Banque...	r. de la Paix.
5	N^e-des-Petits-Pères	r. N^e-des-P.-Champs	pl. des Petits-Pères.
11	N^e-des-Poirées....	r. des Grès........	r. Soufflot.

ARROND".	RUES.	COMMENCENT.	FINISSENT.
8	Neuve-Popincourt.	r. Ménilmontant ...	pas. Beslay.
11	N°-de-Richelieu..	pl. de la Sorbonne.	r. de la Harpe.
2	N°-S¹-Augustin....	r. Richelieu........	b. des Capucines.
8	N°-S¹°-Catherine...	r. S¹-Louis........	r. Payenne.
6	Neuve-S¹-Denis....	r. S¹-Martin........	r. S¹-Denis.
12	N°-S¹-Et°-du-Mont.	r. Lacépède........	r. de la Contrescarpe
3	Neuve-S¹-Eustache.	r. Montmartre.....	r. du Petit-Carreau.
8	Neuve-S¹-François.	r. S¹-Louis........	r. V.-du-Temple.
12	N°-S¹°-Geneviève..	r. de Fourcy......	r. des Postes.
12	Neuve-S¹-Médard..	r. Gracieuse.......	r. Mouffetard.
7	Neuve-S¹-Merri....	r. du Temple......	r. S¹-Martin.
9	Neuve-S¹-Paul	r. du Petit-Musc...	r. S¹-Paul.
8	Neuve-S¹-Pierre...	r. S¹-Gilles........	r. des Douze-Portes.
5	Neuve-S¹-Sauveur .	r. du Petit-Carreau.	r. de Damiette.
10	N° de l'Université.	r. de l'Université..	r. S¹-Guillaume.
10	Nevers (de)........	q. Conti	r. Anjou-Dauphine.
1	Newton (de).......	ch. de r. bar. Etoile	r. du Banquet.
6	Nicolas-Flamel....	r. de Rivoli.......	r. des Lombards.
10	Nicolet...........	q. d'Orsay	r. de l'Université.
9	Nonnains-d'Hyères.	q. des Ormes......	r. de Jouy.
3	Nord (du).........	r. S¹-Quentin......	bar. Poissonnière.
6	Normandie (de)...	r. de Périgueux...	r. Charlot.
5	N.-D.-B°-Nouvelle.	r. Beauregard.....	b. Bonne-Nouvelle.
11	N.-D.-des-Champs.	r. de Vaugirard....	c. de l'Observatoire.
1	N.-D.-de-Grâce...	r. de la Madeleine.	r. d'Anjou.
2	N.-D.-de-Lorette .	r. S¹-Lazare.......	r. Pigalle.
6	N.-D.-de-Nazareth.	r. du Temple......	r. S¹-Martin.
5	N.-D.-de-Recouv".	r. Beauregard.....	b. Bonne-Nouvelle.
3	N.-D.-d.-Victoires	pl. des Petits-Pères.	r. Montmartre.
12	Noyers (des)......	pl. Maubert.......	r. de la Harpe.
4	Oblin.............	r. des Viarmes....	r. Coquillière.
11	Odéon (de l').....	car. de l'Odéon....	pl. de l'Odéon.
7	Oiseaux (des).....	m. des Enf°-Rouges	r. de Beauce.
2	Olivier...........	faub. Montmartre..	r. S¹-Georges.
12	Orangerie (de l')..	r. d'Orléans.......	r. Censier.
4	Orat°-du-Louvre..	r. de Rivoli.......	r. S¹-Honoré.
1	Orat°-C.-Elysées..	av. Champs-Elysées	f. S¹-Honoré.
4	Orfévres (des).....	r. S¹-Ger.-l'Auxer.	r. Jean-Lantier.
6	Orillon (de l').....	r. S¹-Maur........	b. Ramponneau.
4	Orléans-S¹-Honoré.	r. S¹-Honoré.......	r. des Deux-Ecus.
12	Orléans-S¹-Marcel..	r. Geoffroy-S¹-Hilaire	r. Mouffetard.
9	Orme (de l').. ...	r. Mornay.........	pl. de la Bastille.
8	Ormeaux (des)....	pl. du Trône......	r. de Montreuil.
8	Ormesson (d')....	r. du Val-S¹°-Cather.	r. Cult°-S¹°-Cather°
8	Oseille (de l')....	r. S¹-Louis........	r. V.-du-Temple.
10	Oudinot...........	r. Vanneau........	b. des Invalides.
11	Ouest (de l')......	r. Vaugirard	c. de l'Observatoire.
6	Ours (aux)........	r. S¹-Martin.......	r. S¹-Denis.
5	Pagevin..........	r. J.-J.-Rousseau..	pl. des Victoires.
10	Paillassons (des)..	r. Perignon.......	bar. des Paillassons.
1	Paix (de la).......	r. N°-des-P.-Champs	b. des Capucines.

ARROND^t.	RUES.	COMMENCENT.	FINISSENT.
11	Palatine............	r. Garancière......	r. Férou.
12	Paon-St-Victor (du)	r. St-Victor........	r. Traversine.
2	Papillon..........	r. Bleue	r. Montholon.
7	Paradis-Marais....	r. V.-du-Temple....	r. de Chaume.
5	Paradis-Poissonn^{re}.	faub. St-Denis.....	r. Poissonnière.
11	Parcheminerie....	r. St-Jacques......	r. de la Harpe.
8	Parc-Royal (du)...	r. St-Louis	r. des 5 Pavillons.
1	Parme (de)........	r. de Clichy.......	r. d'Amsterdam.
12	Pascal............	r. Mouffetard	r. Ch.-de-l'Alouette
8	Pas-de-la-Mule (du)	b. Beaumarchais...	pl. Royale.
7	Pastourel.........	r. Grand-Chantier..	r. du Temple.
12	Patriarches (des)..	r. de l'Epée-de-Bois	r. d'Orléans.
5	Paul-Lelong	r. N.-D.-des-Vict^{es}.	r. de la Banque
1	Pauq^{re}-de-Villejust	r. de Chaillot.....	ch. de r. b. Étoile.
7	Pavée-Marais......	r. St-Antoine......	r. Francs-Bourgeois.
11	Pavée-St-André....	q. des Augustins..	r. St-André-des-Arts
8	Payenne..........	r. Francs-Bourgeois.	r. du Parc-Royal.
5	Pélerins (des).....	cloître St-Jacques..	r. Mondétour.
4	Pélican (du)......	r. C.-Petits-Champs	r. Gren^e-St-Honoré.
1	Penthièvre (de)...	r. Ville-l'Evêque...	f. St-Honoré.
9	Pépinière (de la)..	r. de l'Arcade.....	f. St-Honoré.
9	Percée-St-Antoine.	r. Charlemagne....	r. St-Antoine.
7	Perche (du).......	r. V.-du-Temple...	r. Charlot.
2	Percier...........	r. de Douai........	r. Blanche.
10	Pérignon.........	av. de Saxe.......	r. Bellart.
6	Périgueux (de)..	r. de Bretagne....	r. St-Louis.
8	Perle (de la)......	r. Thorigny.......	r. V.-du-Temple.
6	Pernelle.	r. St-Bon	b. de Sébastopol.
9	Perpignan.	r. des Marmousets.	r. des Trois-Canettes
6	Perrée...........	pl. de la Rotonde..	r. du Temple.
10	Petite-rue-du-Bac.	r. de Sèvres......	r. du Cherche-Midi.
12	Petit-Banquier....	r. du Banquier....	b. de l'Hôpital.
3	Petit-Carreau.....	r. St-Sauveur......	r. de Cléry.
12	P.-C.-St-Marcel...	r. Ch.-de-l'Alouette	r. de la Glacière.
7	P.-C.-St-Martin...	r. Beaubourg......	r. St-Martin.
5	Petites-Ecuries ...	f. St-Denis........	f. Poissonnière.
5	Petits-Hôtels (des).	r. St-Quentin.....	pl. Lafayette.
6	Petit-Hurleur (du)	r. Bourg-l'Abbé....	r. St-Denis.
5	Petit-Lion (du)...	r. St-Denis........	r. Montorgueil.
12	Petit-Moine (du)..	r. Scipion.........	r. Mouffetard.
9	Petit-Musc (du)...	q. des Célestins...	r. St-Antoine.
12	Petit-Pont (du)....	pl. du Petit-Pont...	r. St-Séverin.
8	Petite-rue-Reuilly.	r. de Charenton...	r. de Reuilly.
8	P.-r.-S^t-P^{re}-Amelot.	r. du Chemin-Vert.	r. Amelot.
10	Petit.-rue-Taranne.	r. de l'Egout......	r. du Dragon.
5	Petite-Truanderie.	r. Mondétour......	r. Grande-Truand.
1	Petite-rue-Verte...	faub. St-Honoré...	r. de Penthièvre.
2	Pétrelle..........	faub. Poissonnière.	r. Rochechouart.
6	Phélipeaux........	r. du Temple......	r. Volta.
8	Piepus (de).......	faub. St-Antoine ...	barr. de Piepus.
12	Pierre-Assis..,....	r. Mouffetard.......	r. St-Hippolyte.

ARROND[s].	RUES.	COMMENCENT.	FINISSENT.
7	Pierre-au-Lard...	r. N.-S.-Merri.....	r. du Poirier.
6	Pierre-Levée......	r. des 3 Bornes....	r. Fontaine-au-Roi.
12	Pierre-Lombard...	pl. de la Collégiale.	r. Mouffetard.
11	Pierre-Sarrazin....	boul. Sébastopol (r g)	r. Hautefeuille.
2	Pigalle...........	r. Blanche........	barr. Montmartre.
12	Pinel.	pl. de la barr. d'Ivry.	boul. de l'Hôpital.
5	Pirouette.........	r. Rambuteau.....	r. Mondétour.
8	Planchette (de la).	r. des Terres-Fortes	r. Charenton.
4	Plat-d'Etain	r. des Lavandières.	r. des Déchargeurs.
8	Plâtre-du-Temple..	r. de l'Homme-Armé	r. du Temple.
12	Plâtre-S.-Jacques..	r. des Anglais.....	r. S.-Jacques.
11	Poirées (des)... ..	pl. du Coll.-L.-le-gr.	pl. Sorbonne.
7	Poirier (du)......	r. N.-S.-Merri.....	r. Maubuée.
2	Poissonnière (du F.	boul. Poissonnière.	barr. Poissonnière.
5	Poissonnière... ..	r. de Cléry........	boul. Poissonnière.
12	Poissy (de)........	q. de la Tournelle.	r. S.-Victor.
11	Poitevins (des)....	r. Hautefeuille.....	r. Serpente.
10	Poitiers (de)......	q. d'Orsay.........	r. de l'Université.
7	Poitou (de).......	r. Vieille-du-Temple.	r. Charlot.
12	Poliveau	boul. de l'Hôpital..	r. Geoff.-S.-Hilaire.
5	Pompe (de la).....	r. de Bondy.......	r. du Chât.-d'Eau.
4	Ponceau (du)....	r. S.-Martin.......	r. S.-Denis.
12	Pont-aux-Biches...	r. Censier....... ...	r. du Fer-à-Moulin.
8	Pont-aux-Choux...	boul. Beaumarchais.	r. S.-Louis.
11	Pont-de-Lodi (du).	r. des Gr.-August.	r. Dauphine.
9	Pont-Louis-Philip.	q. de la Grève.....	r. S.-Antoine.
1	Ponthieu (de).....	avenue Matignon...	r. de Berri.
12	Pontoise (de).....	q. de la Tournelle..	r. S.-Victor.
8	Popincourt..	r. de la Roquette..	r. Ménilmontant.
2	Port-Mahon (de)...	r. N.-S.-Augustin ..	r. Louis-le-Grand.
12	Port-Royal (de)...	r. S.-Jacques	r. d Enfer.
7	Portefoin.	r. des Enf.-Rouges.	r. du Temple.
12	Postes (des)......	pl. de l'Estrapade..	r. de l'Arbalète.
12	Pot-de-Fer-S.-Mar.	r. Mouffetard......	r. des Postes.
7	Poterie-des-Arcis..	r. de Rivoli.......	r. de la Verrerie.
4	Poterie-des-Halles.	r. de la Lingerie...	r. de la Tonnellerie.
12	Poules (des)......	r. de la V.-Estrapad.	r. Puits-qui-parle.
9	Poulletier.	q. de Béthune.....	q. d'Anjou..
9	Pourtour-S.-Gerv..	église S.-Gervais...	pl. Baudoyer.
4	Prêcheurs (des)...	r. S.-Denis	r. des Halles.
4	Prêt.-S. Germ-l'Au.	pl. des 3 Maries....	pl. S.-Germ.-l'Auxer.
11	Prêt.-S.-Séverin..	r. S.-Séverin	r. Parcheminerie.
4	Prince-Impérial...	r. Lavand.-S.-Oport.	r. S.-Denis.
11	Princesse...	r. du Four	r. Guisarde.
5	Prouvaires (des). .	r. S.-Honoré.......	r. du Contr.-Social.
2	Provence (de).....	faub. Montmartre..	r. Chaussée-d'Antin.
12	Puits-de-l'Ermite..	r. du Battoir......	r. Gracieuse.
12	Puits-qui-parle...	r. N.-S.-Geneviève.	r. des Postes.
1	Pyramides (des)...	pl. Rivoli.........	r. S.-Honoré.
8	Quatre-Chemins...	r. de Reuilly......	ch. de r. bar. Charent.
7	Quatre-Fils (des)..	r. V.-du-Temple...	r. du Chaume.

ARROND^t.	RUES	COMMENCENT.	FINISSENT.
11	Quatre-Vents (des)	carref. de l'Odéon..	r. de Seine.
6	Quincampoix	r. des Lombards	r. aux Ours.
1	Rabelais	r. Matignon	r. Montaigne
11	Racine	boul. Sébastop. (r g)	pl. de l'Odéon.
8	Rambouillet (de)	r. de Bercy	r. de Charenton.
7	Rambuteau	r. du Chaume	pl. St-Eustache.
2	Rameau	r. Richelieu	r. Ste-Anne.
7	Rats (des)	r. Folie-Regnault	barr. des Rats.
6	Réaumur	r. Volta,	r. St-Martin.
5	Récollets (des)	q. Valmy	faub. St-Martin.
10	Regard (du)	r. du Cherche-Midi.	r. de Vaugirard.
11	Regnard	pl. de l'Odéon	r. de Condé.
12	Reims (de)	r. des Sept-Voies.	r. Charretière.
12	Reine-Blanche	r. des Foss.-St-Marc.	r. Mouffetard.
2	Rempart-St-Honoré	r. St-Honoré	r. Richelieu.
7	Renard-St-Merri	r. de la Verrerie	r. N^{tre}-St-Merri.
5	Renard-St-Sauveur	r. St-Denis	r. des Deux-Portes.
8	Reuilly (de)	faub. St-Antoine	barr. de Reuilly.
2	Ribouté	r. Bleue	r. Montholon.
8	Richard-Lenoir	r. du Charonne	r. de la Roquette.
2	Richelieu (de)	r. St-Honoré	boul. des Italiens.
1	Richepance	r. St-Honoré	r. Duphot.
2	Richer	faub. Poissonnière	faub. Montmartre.
9	Rivoli (de)	r. Cult.-Ste-Cather.	r. St-Florentin.
2	Rochechouart	r. Lamartine	barr. Rochechouart.
1	Rocher (du)	r. St-Lazare	barr. Monceaux.
5	Rocroi (de)	r. d'Abbeville	ch. de r. bar. St-Denis.
1	Rohan (de)	r. de Rivoli	r. St-Honoré.
8	Roi-Doré (du)	r. St-Louis	r. St-Gervais.
7	Roi-de-Sicile (du)	r. Malher	r. V^e-du-Temple.
1	Rome (de)	r. de Stockholm	pl. de l'Europe.
1	Roquepine	r. d'Astorg	r. Ville-l'Evêque.
8	Roquette (de la)	pl. de la Bastille	barr. d'Aunay.
7	Rosiers (des)	r. Pavée	r. V^e-du-Temple.
2	Rossini	r. Grange-Batelière.	r. Laffitte.
8	Roubo	faub. St-Antoine	r. de Montreuil.
2	Rougemont	boul. Poissonnière.	r. Bergère
4	Roule (du)	r. de Rivoli	r. St-Honoré.
10	Rousselet	r. Oudinot	r. de Sèvres.
8	Royale-St-Antoine	r. St-Antoine	pl. Royale.
1	Royale-St-Honoré	pl. Vendôme	pl. de la Madeleine.
12	Royer-Collard	r. St-Jacques	r. d'Enfer.
1	Rumfort	r. Lavoisier	r. de la Pépinière.
10	Sabot (du)	petite r. Taranne	r. du Four.
8	St-Ambroise	r. Popincourt	r. St-Maur.
8	St-Anastase	r. St-Louis	r. de Thorigny.
11	St-André-des-Arts	pl. St-Andr.-des-Arts	r. Dauphine.
2	Ste-Anne	r. de l'Anglade	r. N^{tre} St-Augustin.
8	St-Antoine (du fau.)	pl. de la Bastille	pl. du Trône.
7	St-Antoine	pl. Baudoyer	pl. de la Bastille.
6	Ste-Apolline	r. St-Martin	r. St-Denis.

ARROND^{ts}.	RUES.	COMMENCENT.	FINISSENT.
1	St-Arnaud	r. N^e-des-Capucines	r. N^e-St-Augustin..
5	Ste-Barbe	r. Beauregard	boul. Bonne-Nouv.
10	St-Benoît	r. Jacob	r. Taranne.
8	St-Bernard	faub. St-Antoine	r. Charonne.
7	St-Bon	r. de Rivoli	r. de la Verrerie.
11	Ste-Catherine	r. St-Thomas	r. Royer-Collard.
2	Ste-Cécile	r. du Conservatoire	faub. Poissonnière.
11	Ste-Chapelle (de la)	r. de la Barillerie..	q. des Orfévres.
9	St-Christophe	r. d'Arcole	r. de la Cité.
5	St-Claude-B.-Nouv.	r. Ste-Foy	r. de Cléry.
8	St-Claude-Marais	boul. Beaumarchais.	r. St-Louis.
9	Ste-Croix	r. Gervais-Laurent.	r. de Constantine.
7	Ste-Croix-de-la-Bret.	r. V.-du-Temple...	r. du Temple.
5	St-Denis (du faub.).	boul. St-Denis	barr. St-Denis.
4	St-Denis	pl. du Châtelet	boul. St-Denis.
8	St-Denis-St-Ant.	faub. St-Antoine	r. de Montreuil.
10	St-Dominique-St-G.	r. des Sts-Pères	av. Labourdonnaie.
6	Ste-Elisabeth	r. des Fontaines	r. du Vertbois.
9	St-Eloi	r. Constantine	r. de la Calandre.
5	St-Etienne-B.-N...	r. Beauregard	boul. Bonne-Nouv.
12	St-Etienne-des-Gr..	pl. du Panthéon	r. St-Jacques.
5	St-Fiacre	r. des Jeûneurs	boul. Poissonnière.
1	St-Florentin	r. de Rivoli	r. St-Honoré.
5	Ste-Foy	r. des Filles-Dieu..	r. St-Denis.
1	Ste-Geneviève	r. de Chaillot	r. du Chem. de Vers.
2	St-Georges	r. de Provence	r. N^e-D^e-de-Lorette.
4	St-Germain-l'Aux^s.	r. St-Denis	pl. des Trois-Maries.
8	St-Gervais	r. St-Anastase	r. N^e-St-François.
8	St-Gilles	boul. Beaumarchais.	r. St-Louis.
10	St-Guillaume	r. des Sts-Pères	r. de Grenelle.
12	St-Hilaire	r. des Sept-Voies..	r. Charretière.
12	St-Hippolyte	r. Pierre-Assis	r. de Lourcine.
1	St-Honoré (r. du f.)	r. Royale	barr. du Roule.
4	St-Honoré	r. de la Lingerie...	r. Royale.
2	St-Hyacinthe-St-H.	r. de la Sourdière..	r. Marché-St-Honoré
11	St-Hyacinthe-St-M.	pl. St-Michel	r. St-Jacques.
12	St-Jacques (r. du f.)	r. des Capucins	barr. St-Jacques.
11	St-Jacques	r. St-Séverin	r. des Capucins.
1	St-Jean-Baptiste...	r. de la Pépinière..	r. S. Michel.
12	St-Jean-Beauvais..	r. des Noyers	r. St-Hilaire.
10	St-Jean-Gros-Caill.	q. d'Orsay	r. St-Dominique.
12	St-Jean-de-Latran.	r. Fromentel	pl. Cambrai.
5	St-Joseph	r. du Sentier	r. Montmartre.
12	St-Julien-le-Pauvre	r. de la Bûcherie...	r. Galande.
9	St-Landry	q. Napoléon	r. des Marmousets.
5	St-Laurent	faub. St-Martin	faub. St-Denis.
2	St-Lazare	r. Bourdaloue	r. de l'Arcade.
9	St-Louis-en-l'Ile..	q. d'Anjou	q. Bourbon.
8	St-Louis-Marais...	r. N^e-Ste-Catherine..	r. Charlot.
6	St-Magloire	boul. Sébastopol...	r. St-Denis.
2	St-Marc	r. Montmartre	r. Favart.

ARROND^te.	RUES.	COMMENCENT.	FINISSENT.
12	St-Marcel	pl. de la Collégiale.	r. Mouffetard.
6	St-Marcoul	r. Bailly	r. Conté.
8	Ste Marg^te-St-Ant^ne.	faub. St-Antoine	r. de Charonne.
10	Ste Marg^te-St-Germ.	r. de Buci	r. St-Benoît.
10	Ste-Marie-St-Germ.	r. de Lille	r. de Verneuil.
1	Ste-Marie	r. des Batailles	r. de Lubeck.
10	Ste-Marthe	passage St-Benoît	r. Childebert.
5	St-Martin (r. du f.)	boul. St-Denis	barr. de la Villette.
7	St-Martin	q. de Gèvres	boul. St-Martin.
10	St-Maur-St-Germ^n.	r. de Sèvres	r. du Cherche-Midi.
8	St-Maur-Popincourt	r. de la Roquette	r. Grange-aux-B^les.
1	St-Michel	r. d'Astorg	r. St-Jean-Baptiste.
1	St-Nicolas-d'Antin.	r. de la Ch.-d'Antin.	r. de l'Arcade.
12	St-Nicolas-du-Ch^p.	r. St-Victor	r. Traversine.
8	St-Nicolas-St-Ant^r.	r. de Charenton	faub. St-Antoine.
4	Ste-Opportune	pl. Ste-Opportune	r. de la Ferronnerie.
9	St-Paul	q. St-Paul	r. St-Antoine.
6	St-Paxent	r. Bailly	r. Conté.
10	Sts-Pères	q. Voltaire	r. de Grenelle.
1	St-Pétersbourg (de)	pl. de l'Europe	barr. Clichy.
5	St-Philippe-B^g.-N^e.	r. Bourbon-Villen^e.	r. de Cléry.
5	St-Pierre-Montm^re.	r. Montmartre	r. N.-D.-des-Vict^res.
8	St-Pierre-Popinc^rt.	r. St-Sébastien	r. Ménilmontant.
10	Ste-Placide	r. de Sèvres	r. du Cherche-Midi.
5	St-Quentin	r. de Chabrol	pl. Roubaix.
2	St-Roch	r. St-Honoré	r. N^re-des-P.-Champs
10	St-Romain	r. de Sèvres	r. du Cherche-Midi.
8	St-Sabin	r. de la Roquette	r. du Chemin-Vert.
5	St-Sauveur	r. St-Denis	r. Montmartre.
8	St-Sébastien	b. Beaumarchais	r. Popincourt.
11	St-Séverin	r. du Petit-Pont	r. de la Harpe.
5	St-Spire	r. des Filles-Dieu	r. Ste-Foy.
11	St-Sulpice	r. de Condé	pl. St-Sulpice.
10	St-Thomas-d'Aquin	pl. St-Thomas-d'Aq.	r. St-Dominique.
11	St-Thomas-d'Enfer	r. St-Hyacint^e-St-Mi.	r. d'Enfer.
12	St-Victor	r. Lacépède	r. Montagne-Se-Gen.
5	St-Vincent-de-Paul	r. Belzunce	r. Ambroise-Paré.
6	Saintonge (de)	r. du Perche	boul. du Temple.
6	Salle-au-Comte	r. Rambuteau	r. aux Ours.
12	Santé (de la)	r. du Ch.-des-Cap^ns.	barr. de la Santé.
4	Sartine	r. des Viarmes	r. Coquillière.
1	Saussaies (des)	faub. St-Honoré	r. Ville-l'Evêque.
11	Savoie (de)	r. Pavée	r. des G.-Augustins.
12	Scipion	r. Francs-Bourgeois	pl. Scipion.
8	Sedaine	r. St-Sabin	r. Popincourt.
10	Seine (de)	q. Malaquais	r. St-Sulpice.
3	Sentier (du)	r. de Cléry	boul. Poissonnière.
12	Sept-Voies (des)	r. l'Ecole-Polytechn^e	pl. du Panthéon.
11	Serpente	b. Sébastopol (r. g.).	r. de l'Eperon.
11	Servandoni	r. Palatine	r. de Vaugirard.
10	Sèvres (de)	carr. Croix-Rouge	bar. de Sèvres.

ARROND^t.	RUES.	COMMENCENT.	FINISSENT.
1	Sèze (de)..........	r. B^{se}-du-Rempart.	pl. de la Madeleine.
7	Simon-le-Franc...	r. du Temple......	r. Beaubourg.
7	Singes (des.......	r. S^{te}-Cr.-Bretonner^e.	r. Blancs-Manteaux.
3	Solv.............	r. de la Jussienne.	r. Vieux-Augustins.
11	Sorbonne (de la)..	r. des Mathurins...	pl. de la Sorbonne.
12	Soufflot..........	pl. du Panthéon...	r. d'Enfer.
2	Sourdière (de la)..	r. St-Honoré......	r. de la Corderie.
11	Stanislas.........	r. N-D-des-Champs.	b. Mont-Parnasse.
1	Stockholm........	r. de Londres.....	r. de Vienne.
5	Strasbourg.......	faub. St-Martin....	faub. St-Denis.
11	Suger (de).......	pl. St-André-d.-Arts.	r. de l'Eperon.
9	Sully (de)........	r. de Mornay......	r. du Petit-Musc.
1	Suresne (de).....	boul. Malesherbes..	r. des Saussaies.
7	Tacherie (de la..	r. de la Coutellerie.	r. de Rivoli.
7	Taillepain........	r. Cloître-St-Merri.	r. Brisemiche.
2	Taitbout.........	boul. des Italiens..	r. d'Aumale.
10	Taranne.........	r. St-Benoît.......	r. des Sts-Pères.
5	Temple (r. du f.).	boul. du Temple...	barr. de Belleville.
7	Temple (du)......	r. de Rivoli.......	boul. du Temple.
8	Ternaux..........	r. Popincourt.....	r. Jacquart.
8	Terres-Fortes (des)	boul. Contrescarpe.	r. Moreau.
2	Thérèse..........	r. Ste-Anne.......	r. Ventadour.
5	Thévenot.........	r. St-Denis.........	r. Petit-Carreau.
8	Thorigny.........	r. de la Perle....	r. St-Gervais.
5	Tiquetonne.......	r. Montorgueil.....	r. Montmartre.
4	Tirechappe.......	r. de Rivoli.......	r. St-Honoré.
1	Tivoli............	r. de Clichy.......	r. d'Amsterdam.
5	Tonnellerie (de la).	r. St-Honoré......	pl. St-Eustache.
2	Tour-des-Dames..	r. Larochefoucault.	r. Blanche.
6	Tour-du-Temple..	r. Fossés-du-Temple	q. Valmy.
8	Tournelles (des)..	r. St-Antoine......	boul. Beaumarchais
11	Tournon (de).....	r. St-Sulpice.......	r. de Vaugirard.
11	Toustain.........	r. de Seine........	r. Félibien.
6	Tracy (de)........	boul. Sébastopol...	r. St-Denis.
5	Traînée..........	r. Montmartre.....	r. du Jour.
12	Transversale.....	r. Fos.-St-Bernard.	r. de Poissy.
10	Traverse.........	r. Oudinot........	r. de Sèvres.
8	Traversière-S^t-A^{ne}.	q. de la Râpée.....	faub. St-Antoine.
12	Traversine.......	r. d'Arras.........	r. de la Montagne.
2	Trévise (de)......	r. Bergère........	r. Bleue.
12	Triperet.........	r. de la Clef.......	r. Gracieuse.
10	Triperie (de la)...	r. St-Jean.........	r. Malar.
6	Trois-Bornes (des).	r. Folie-Méricourt..	r. St-Maur.
9	Trois-Canettes....	r. St-Christophe...	r. de la Licorne.
8	Trois-Chandelles..	r. Montgallet.....	r. Quatre-Chemins.
12	3 Couron^{es}-S^t-Ma^{el}.	r. Mouffetard.....	r. St-Hippolyte.
6	3 Couron^{es}-du-T^{le}.	r. St-Maur........	barr. 3 Couronnes.
8	Trois-Pavillons...	r. Francs-Bourgeois.	pl. Thorigny.
12	Trois-Portes (des)..	pl. Maubert.......	r. l'Hôtel-Colbert.
8	Trois-Sabres (des).	r. Quatre-Chemins.	ch. de r. de Reuilly.
1	Tronchet..........	pl. de la Madeleine.	r. N^e-des-Mathurins.

ARROND[ts]	RUES.	COMMENCENT.	FINISSENT.
1	Trudon...........	r. Boudreau.......	r. N°-des-Mathurins.
2	Turgot...........	r. Rochechouart...	av. Trudaine.
1	Turin (de)........	r. de Berlin.......	r. de Hambourg.
12	Ulm (d').........	r. des Postes.....	r. des Ursulines.
10	Université (de l')..	r. des S¹⁰-Pères....	av. Labourdonnaie.
12	Ursulines (des)....	r. d'Ulm..........	r. S¹-Jacques.
12	Val-de-Grâce.	r. S¹-Jacques......	r. de l'Est.
12	Valence...........	r. Mouffetard.....	r. Pascal.
5	Valenciennes.	r. S¹-Quentin......	pl. de Valenciennes.
8	Val-S¹⁰-Catherine..	r. S¹-Antoine......	r. N°-S¹⁰-Catherine.
2	Valois-Palais-Royal	r. S¹-Honoré	r. de Beaujolais.
1	Valois-du-Roule...	r. de Courcelles ...	r. du Rocher.
10	Vanneau	r. de Varennes	r. de Sèvres.
4	Vannes (de).......	r. des Viarmes.....	r. des Deux-Ecus.
10	Varennes (de).....	r. de la Chaise.....	boul. des Invalides.
4	Varennes-S¹-Hon..	r. des Viarmes.....	r. des Deux-Ecus.
6	Vaucanson	r. de Breteuil......	r. du Verthois
11	Vaugirard (de)....	r. M.-le-Prince.....	bar. de Vaugirard.
11	Vavin.............	r. de l'Ouest.......	b. Mont-Parnasse.
6	Vendôme.........	r. Charlot.........	r. du Temple.
7	Venise (de)	r. Beaubourg......	r. Quincampoix.
2	Ventadour........	r. Thérèse........	r. N.-des-P.-Cham.
5	Verderet	r. de la G.-Truand.	r. Mauconseil.
10	Verneuil (de).....	r. des S¹⁰-Pères....	r. de Poitiers.
7	Verrerie (de la)...	r. Bourtibourg.....	r. S¹-Martin.
12	Versailles (de)....	r. S¹-Victor... ...	r. Traversine.
6	Verthois (du)......	r. du Temple......	r. S¹-Martin.
6	Vertus (des).......	r. des Gravilliers..	r. Phelipeaux.
4	Viarmes (des)	r. de Varennes.....	r. Oblin.
2	Victoire (de la)....	faub. Montmartre..	r. Joubert.
5	Vide-Gousset.....	pl. des Victoires...	r. du Mail.
12	Vieille-Estrapade .	r. de Fourcy.......	pl. de la Vieil-Estr.
4	Vieil.-Etuves-S¹-H.	r. S¹-Honoré......	r. des Deux-Ecus
7	Vieil.-Etuves-S¹-M.	r. Beaubourg......	r. S¹-Martin.
7	Vieilles-Haudriet⁰	r. du Chaume.....	r. du Temple.
6	Vieille-Monnaie....	r. Pernelle........	r. des Lombards.
12	Vieille-Notre-Dame	r. Censier.........	r. d'Orléans.
7	Vieille-du-Temple.	r. S¹-Antoine......	r. S¹-Louis.
1	Vienne (de).......	pl. de l'Europe....	r. du Rocher.
10	Vierge (de la)....	q. d'Orsay.........	r. S¹-Dominique.
3	Vieux-Augustins..	r. Coquillière	r. Montmartre.
11	Vieux-Colombier..	r. Bonaparte.......	car. de la Cr.-Rouge
1	Vignes-Ch.-Elysées	r. de Chaillot......	ch. de r. b. de l'Etoile
12	Vignes-S¹-Marcel..	r. du Banquier....	boul. de l'Hôpital.
2	Vil'⁰do...........	r. Richelieu.......	r. S¹⁰-Anne.
1	Ville-l'Evêque	r. de la Madeleine.	r. de la Pépinière.
12	Villejuif......... ..	r. Pinel...........	r. Godefroy.
8	Villiot....	q. de la Rapée.....	r. de Bercy.
5	Vinaigriers.	q. Valmy....... ...	faub. S¹-Martin.
1	Vingt-Neuf-Juillet.	r. de Rivoli.... ...	r. S¹-Honoré.
2	Vintimille	r. de Clichy.......	pl. Vintimille.

ARROND^t.	RUES.	COMMENCENT.	FINISSENT.
10	Visit.-des-D.-Ste-M.	pas. Ste-Marie......	r. de Grenelle.
5	Vivienne...........	r. Beaujolais	boul. Montmartre.
6	Volta........	r. Aumaire........	r. N.-D.-de-Nazareth
11	Voltaire..........	r. M.-le-Prince....	pl. de l'Odéon.
4	Vrillière (de la)...	r. Cr.-des-P.-Cham.	r. de la Feuillade.
12	Watt (de)........	q. d'Austerlitz.....	r. de la Gare.
12	Zacharie	q. St-Michel........	r. St-Séverin.

AVENUES.

ARROND^{ts}.	AVENUES.	COMMENCENT.	FINISSENT.
1	Antin (d')........	Cours-la-Reine.....	av. des Ch.-Elysées.
1	Beaucourt........	f. St-Honoré.......	r. de Courcelles.
8	Bel-Air (du)......	pl. du Trône.......	av. St-Mandé.
10	Breteuil (de)......	pl. Vauban........	r. de Sèvres.
1	Champs-Elysées...	pl. de la Concorde..	bar. de l'Etoile.
2	Frochot..........	r. de Laval........	r. des Martyrs.
1	Gabriel	pl. de la Concorde..	av. Matignon.
10	Labourdonnaie....	q. d'Orsay........	av. Lamotte-Piquet.
10	Lamotte-Piquet...	boul. la Tour-Maub.	b. Lamotte-Piquet.
10	Lowendahl (de)...	av. de Tourville....	b. de l'Ecole-Milit.
11	Maine (du)........	boul. Mont-Parnasse	bar. du Maine.
1	Marbeuf..........	r. Marbeuf........	av. des Champs-El..
1	Marigny (de)......	av. Gabriel........	f. St-Honoré.
1	Matignon.........	av. Champs-Elysées.	r. Matignon.
1	Montaigne........	q. de Billy........	av. des Champs-El.
1	Munich (de).......	av. de Plaisance....	r. Miroménil.
12	Observatoire......	car. de l'Observat^{re}.	grille de l'Observat.
8	Ormeaux (des)....	pl. du Trône.......	r. Montreuil.
8	Parmentier.......	r. des Amandiers...	r. St-Ambroise.
1	Percier	av. de Munich.....	r. de la Pépinière.
1	Plaisance (de).....	r. de Messine......	av. de Munich.
5	Richerand........	q. Jemmapes......	r. Bichat.
8	Roquette (de la)..	r. de Charonne....	r. de la Roquette.
8	St-Mandé.........	r. de Picpus.......	bar. St-Mandé.
1	Ste-Marie-du-Roul.	faub. St-Honoré....	ch. de r. b. du Roule
10	Saxe (de).........	pl. Fontenoy.......	r. de Sèvres.
10	Ségur (de)........	pl. Vauban........	av. de Saxe.
10	Suffren (de)......	q. d'Orsay........	av. Lowendahl.
10	Tourville (de)....	boul. des Invalides.	av. Lamotte-Piquet.
8	Triomphes (des)...	pl. du Trône......	ch. de r. b. de Vinc.
8	Trône (du).......	pl. du Trône.......	bar. de Vincennes.
2	Trudaine.........	r. Rochechouart...	r. des Martyrs.
7	Victoria..........	pl. de l'Hôtel-de-Vil.	pl. du Châtelet.
10	Villars (de).......	pl. Vauban........	boul. des Invalides.

BOULEVARDS,

ARROND^{ts}.	BOULEVARDS.	COMMENCENT.	FINISSENT.
8	Beaumarchais.....	q. Valmy..........	boul. des F.-du-Calv
5	Bonne-Nouvelle...	boul. St-Denis.....	boul. Poissonnière.

ARROND'S.	BOULEVARDS.	COMMENCENT.	FINISSENT.
9	Bourdon	boul. Morland......	pl. de la Bastille.
1	Capucines (des)...	boul. des Italiens..	boul. de la Madel.
8	Contrescarpe	pl. Mazas..........	pl. de la Bastille.
11	Enfer (d')........	b. Mont-Parnasse.	bar. d'Enfer.
8	Filles-du-Calvaire.	boul. Beaumarchais	boul. du Temple.
12	Gobelins (des)....	bar. d'Italie.......	bar. de la Glacière.
12	Hôpital (de l')....	pl. Valhubert......	pl. d'Italie.
10	Invalides (des)....	r. de Grenelle.....	r. de Sèvres.
2	Italiens (des).....	boul. Montmartre..	boul. des Capucines
10	Latour-Maubourg .	av. Lamotte-Piquet.	av. de Tourville
1	Madeleine (de la)..	boul. des Capucines	pl. de la Madeleine.
1	Malesherbes......	pl. de la Madeleine.	r. de l'Arcade.
8	Mazas............	q. de la Râpée.....	pl. du Trône.
2	Montmartre.......	boul. Poissonnière.	boul. des Italiens.
10	Mont-Parnasse....	r. de Sèvres.......	r. d'Enfer.
9	Morland..........	boul. Bourdon.....	r. du Petit-Musc.
3	Poissonnière	b. Bonne-Nouvelle..	boul. Montmartre.
6	St-Denis	b. St-Martin.......	boul. Bonne-Nouv.
12	St-Jacques	bar. de la Glacière.	bar. d'Enfer.
6	St-Martin.........	boul. du Temple...	boul. St-Denis.
4	Sébastopol (r. dr.)	pl. du Châtelet	r. de Strasbourg.
11	Sébastopol (r. g.)	pont St-Michel.....	r. des Écoles.
6	Temple (du)......	b. des Filles-du-Cal.	boul. St-Martin.

BARRIÈRES.

ARROND'S.	BARRIÈRES.	SITUATION.
8	Amandiers	rue des Amandiers-Popincourt.
8	Aunay (d').............	rue de la Roquette.
1	Bassins (des)...........	rue des Bassins.
1	Batailles (des)..........	rue Neuve-de-Passy.
6	Belleville (de)	faubourg du Temple.
8	Bercy (de).............	rue de Bercy.
2	Blanche...............	pl. de la Barrière-Blanche.
5	Boyauderie (de la)	rue des Buttes-Chaumont.
8	Charenton (de)..........	rue de Charenton.
5	Chopinette (de la).......	rue de la Chopinette.
1	Clichy (de).............	rue de Clichy.
5	Combat (du)............	rue Grange-aux-Belles.
1	Courcelles (de)	rue de Courcelles.
12	Croulebarbe............	boulevard des Gobelins.
10	Cunette (de la)..........	quai d'Orsay
10	École-Militaire (de l')....	avenue Lowendahl.
11	Enfer (d').............	rue d'Enfer.
1	Étoile (de l')...........	avenue des Champs-Élysées.
8	Fontabarie.............	rue de Charonne.
11	Fourneaux (des)........	rue des Fourneaux.
1	Franklin...............	rue des Batailles.
12	Gare (de la)............	quai d'Austerlitz.
12	Glacière (de la)	rue de la Glacière.
10	Grenelle (de)..........	place Dupleix.

ARRONDT.	BARRIÈRES	SITUATION.
12	Italie (d')	place d'Italie.
12	Ivry (d')	place de la Barrière-d'Ivry.
10	Lamotte-Piquet	avenue Lamotte-Piquet.
1	Longchamps (de)	rue de Longchamps.
11	Maine (du)	avenue du Maine.
2	Martyrs (des)	rue des Martyrs.
8	Ménilmontant	rue Ménilmontant.
1	Monceaux (de)	rue du Rocher.
2	Montmartre	rue Pigalle.
11	Mont-Parnasse	rue Mont-Parnasse.
8	Montreuil (de)	rue de Montreuil.
10	Paillassons (des)	rue des Paillassons.
5	Pantin (de)	rue Lafayette.
1	Passy (de)	quai de Billy.
1	Picpus (de)	rue de Picpus.
5	Poissonnière	faubourg Poissonnière.
6	Ramponneau	rue de l'Orillon.
8	Râpée (de la)	quai de la Râpée.
8	Rats (des)	rue des Rats.
1	Réservoirs (des)	rue du Chemin de Versailles.
8	Reuilly (de)	rue de Reuilly.
2	Rochechouart	rue Rochechouart.
1	Roule (du)	faubourg St-Honoré.
5	St-Denis	faubourg St-Denis.
12	St-Jacques	faubourg St-Jacques.
8	St-Mandé	avenue St-Mandé.
1	Ste-Marie	rue de Lubeck.
12	Santé (de la)	rue de la Santé.
10	Sèvres (de)	rue de Sèvres.
6	Trois-Couronnes (des)	rue des Trois-Couronnes.
10	Vaugirard (de)	rue de Vaugirard.
5	Vertus (des)	rue Château-Landon.
5	Villette (de la)	rue du faubourg St-Martin.
8	Vincennes (de)	avenue du Trône.

CHEMINS DE RONDE DES BARRIÈRES.

ARR.	CH. DE RONDE DES B.	COMMENCENT.	FINISSENT.
8	Amandiers	barr. des Amandiers.	barr. Ménilmontant.
8	Aunay (d')	barrière d'Aunay	b. des Amandiers.
1	Bassins (des)	barrière des Bassins.	b. de Longchamps.
5	Belleville (de)	barr. de Belleville	b. de la Chopinette.
8	Bercy (de)	barrière de Bercy	barr. de Charenton.
2	Blanche	barrière Blanche	barrière de Clichy.
5	Boyauderie (de la)	barrière du Combat.	barrière de Pantin.
8	Charenton (de)	barrière Charenton.	barrière de Reuilly.
5	Chopinette (de la)	b. de la Chopinette.	barrière du Combat.
1	Clichy (de)	barrière de Clichy	barrière Monceaux.
5	Combat (du)	barrière du Combat.	b. de la Boyauderie.
1	Courcelles (de)	barr. de Courcelles.	barrière du Roule.
10	École-Militaire	b. de l'École-Milit.	b. Lamotte-Piquet.

ARR^s.	CH. DE RONDE DES B.	COMMENCENT.	FINISSENT.
11	Enfer (d')	barrière d'Enfer...	b. Mont-Parnasse.
1	Étoile (de l')	barrière de l'Étoile.	barr. des Bassins.
8	Fontarabie	barrière Fontarabie.	barrière d'Aunay.
11	Fourneaux (des)	b. des Fourneaux...	barr. de Vaugirard..
12	Gare (de la)	barrière de la Gare.	barrière d'Ivry.
10	Grenelle	barr. de la Cunet'e.	barrière de Grenelle.
12	Italie (d')	barrière d'Ivry.....	barrière d'Italie.
12	Ivry (d')	barrière d'Ivry.....	barrière d'Italie.
10	Lamotte-Piquet...	barrière de Grenelle.	b. Lamotte-Piquet.
1	Longchamps (de)..	barr. Sainte-Marie..	barr. Longchamps.
11	Maine (du)	barr. des Fourneaux.	barrière du Maine.
2	Martyrs (des). ...	barrière des Martyrs.	barr. Montmartre.
6	Ménilmontant.....	barr. Ménilmontant.	b. d. Trois-Couronn.
2	Montmartre	barr. Montmartre...	barrière Blanche.
11	Mont-Parnasse....	barrière du Maine..	b. Mont-Parnasse.
8	Montreuil (de)....	barrière Montreuil..	barrière Fontarabie.
10	Paillassons (des)..	b. de l'École-Milit...	b. des Paillassons.
5	Pantin (de)	barrière de Pantin..	barr. de la Villette.
8	Piepus (de)	barrière Piepus....	b. de Saint-Mandé.
3	Poissonnière	barr. Poissonnière..	barr. Rochechouart.
6	Ramponneau	barr. Ramponneau..	barr. de Belleville.
8	Râpée (de la)	barr. de la Râpée...	barrière de Bercy.
8	Reuilly (de)	barrière de Reuilly.	barrière de Piepus.
2	Rochechouart	barr. Rochechouart.	barr. des Martyrs.
1	Roule (du)	barrière du Roule..	barrière de l'Étoile.
3	Saint-Denis	barrière Saint-Denis.	barr. Poissonnière.
8	Saint-Mandé	barr. Saint-Mandé..	barr. de Vincennes.
1	Sainte-Marie. ...	barrière Franklin..	barr. Sainte-Marie.
10	Sèvres (de)	b. des Paillassons...	barrière de Sèvres.
6	Trois-Couronnes..	b. d. Trois-Couronn.	barr. Ramponneau.
10	Vaugirard	barrière de Sèvres..	barr. de Vaugirard.
5	Vertus (des)	barrière des Vertus	barr. Saint-Denis.
5	Villette (de la)...	barr. de la Villette..	barrière des Vertus.
8	Vincennes (de)...	barr. de Vincennes.	barr. de Montreuil.

CITÉS.

ARROND^s.	CITÉS.	COMMENCENT.	FINISSENT.
2	Antin (d')	r. de la Ch.-d'Antin.	r. de Provence.
2	Bergère	f. Montmartre.....	r. Bergère.
1	Berryer	r. Royale..........	r. de la Madeleine.
6	Bouffiers	r. Dup.-Thouars, 14.	
2	Fénelon	r. des Martyrs.....	r. de Latour-d'Auv.
2	Gaillard	r. Blanche, 56 et 58.	
1	Godot-de-Mauroy..	av. Montaigne	r. Marbeuf.
6	Holzbacher	r. Fontaine-au-Roi.	r. des Trois-Bornes
1	Londres (de)	r. de Londres.....	r. St-Lazare.
2	Malesherbes	r. des Martyrs.....	r. de Laval.
1	Odiot	r. Neuve-de-Berry..	r. de l'Oratoire.
2	Pigalle	r. Pigalle, 43 et 45.	
8	Popincourt	r. Popincourt, 70.	

ARROND^t.	CITÉS.	COMMENCENT.	FINISSENT.
1	Retiro (du)........	r. de la Madeleine..	f. St-Honoré.
5	Riverin	r. de Bondy.......	r. du Château-d'Eau
2	Rodier	r. N-Coquenard, 54.	
2	Trévise	r. Richer..........	r. Bleue.
10	Valadon..........	r. de Grenelle.....	r. Duvivier.
5	Wauxhall (du)....	r. du Château-d'Eau.	r. des Marais.

CARREFOURS.

ARROND^t.	CARREFOURS.	COMMENCENT.	FINISSENT.
10	Buci............	r. St-André-des-Arts et Mazarine.....	r. de l'Anc.-Comédie et de Buci.
10	Croix-Rouge (de la).	r. du Vieux-Colomb. et de Grenelle..	r. de Sèvres et du Cherche-Midi.
11	Observatoire (de l').	gr. du j. du Luxemb.	av. de l'Observatoire
11	Odéon (de l').....	r. de l'Anc.-Comédie et de l'Ecole-de-Méd	r. de Condé, de l'O- déon et de M.-le-Pr.

COURS.

ARROND^t.	COURS.	COMMENCENT.	FINISSENT.
6	Batave..........	boul. de Sébastopol.	r. St-Denis.
1	Bony	r. St-Lazare, 130...	
5	Bretagne (de)....	f. du Temple, 99.	
11	Comm.-S.-Andr.-d.	pas. du Commerce.	r. de l'Ec.-de-Méd.
10	Dragon (du)......	car. St-Benoit......	r. du Dragon.
2	Fontaines (des)...	r. des Bons-Enfants.	r. de Valois.
5	Miracles (des)....	r. des Forges......	r. de Damiette.
11	Ste.-Chapelle (de la)	r. de la Barillerie...	
2	Saint-Guillaume ..	r. N.-Coquenard, 11.	
8	Sainte-Marie......	pas. Thierré......,	pas. Ste-Marie.
1	Saint-Philippe	r. d'Angoulême....	f. St-Honoré.
6	Trinité (de la)....	r. Grénétat........	r. St-Denis.

IMPASSES.

ARROND^t.	IMPASSES.	SITUATION.
12	Amboise (de)...........	place Maubert, 1 et 5.
7	Anglais (des)...........	rue Beaubourg, 57 et 59.
1	Antin (d').............	avenue d'Antin, 27 et 29.
1	Argenteuil (d').........	rue du Rocher, 2.
12	Audrelas (d')..........	rue Mouffetard, 199 et 201.
9	Aumont (d')...........	quai des Ormes.
11	Béranger..........•........	rue de Vaugirard, 143.
7	Berthaud...............	rue Beaubourg, 24 et 26.
1	Bourdin................	avenue Montaigne, 69.
4	Bourdonnais (des)........	rue des Bourdonnais, 57 et 59.
2	Briare (de)............	rue Rochechouart. •
11	Charlot................	rue de Vaugirard, 151.
10	Conti.................	quai Conti, 11 et 15.

ARROND^{ts}.	IMPASSES.	SITUATION.
2	Corderie St-Honoré (de la).	rue du Marché-St-Honoré, 31 et 35.
1	Dany....................	rue du Rocher, 40 et 42.
2	Ecole (de l')............	rue Neuve-Coquenard, 17 et 19.
5	Egout (de l')..........	faubourg St-Martin, 25.
12	Feuillantines (des)......	rue St-Jacques, 261 et 263.
10	Grenelle	rue de Grenelle, 151.
5	Grosse-Tête (de la)......	rue St-Spire, 2 et 4.
8	Guéménée..........	rue St-Antoine, 183 et 185.
11	Guépine..............	rue de Jouy, 19 et 21.
12	Hautefort	rue des Bourguignons, 11.
8	Hospitalières (des)......	rue Chaussée-des-Minimes, 6.
8	Jean-Bouton...........	rue des Charbonniers, 18 et 20.
1	Laborde...............	place Laborde, 9.
5	Lafayette..............	rue de Strasbourg, 6.
11	Larrey................	rue Larrey, 3 et 5.
12	Longue-Avoine..........	faubourg St-Jacques, 70 et 72.
1	Madrid (de)...........	place de l'Europe.
11	Maine (du)............	avenue du Maine, 24 et 26.
5	Mazagran	rue Mazagran, 5 et 7.
6	Orillon (de l').........	rue de l'Orillon, 20.
6	Peintres (des).........	rue St-Denis, 216 et 218.
8	Pelée	petite rue St-Pierre, 28 et 30.
6	Planchette (de la).......	rue St-Martin, 326.
8	Reuilly (de)...........	petite rue de Reuilly.
8	St-Ambroise	rue St-Ambroise, 29.
5	St-Claude	rue Montmartre, 67 et 69.
8	St-Claude-Marais....	rue St-Claude, 14 et 16.
11	St-Dominique-d'Enfer....	rue Royer-Collard, 15 et 17.
9	Ste-Marine.............	rue d'Arcole, 11 et 13.
5	Ste-Opportune	rue de Lancry, 57.
8	St-Sébastien..........	rue St-Sébastien, 30 et 32.
1	Sandrié...............	passage Sandrié.
10	Saxe (de).............	avenue de Saxe, 13.
12	Vignes (des)...........	rue des Postes, 32.

HALLES ET MARCHÉS.

ARROND^{ts}.	MARCHÉS.	COMMENCENT.	FINISSENT.
7	Bl.-Manteaux (des).	r. Vieille-du-Templ.	r. du Mar.-des-B.-M.
12	Carmes (des).....	r. de la Montagne..	r. des Noyers.
12	Entrepôt des vins.	q. St-Bernard......	r. de Jus. et Cuvier.
4	Innocents (des)...	r. St-Denis........	r. de la Lingerie.
1	Madeleine (de la)..	pl. de la Madeleine.	r. Castellane.
12	Aux Chevaux.....	boul. de l'Hôpital..	r. du Marc.-aux-Ch.
7	Enfants-Rouges...	r. de Bretagne, 39..	
8	Popincourt.......	r. Ternaux........	
11	Saint-Germain....	prés St-Sulpice.....	
6	Saint-Martin......	r. Ferd-Berthoud..	r. Vaucanson.
8	Saint-Antoine	r. d'Aligre........	r. Lenoir.
4	Halles-Centrales ..	r. des Halles-Centr.	r. de la Tonnellerie
8	Sainte-Catherine ..	r. St-Antoine......	r. de Jarente.

ARROND^{ts}.	MARCHÉS.	COMMENCENT.	FINISSENT.
9	Aux Fleurs	q. aux Fleurs	
1	Aux Fleurs	pl. de la Madeleine.	
6	Aux Fleurs	boul. St-Martin	
12	Aux Fleurs	pl. St-Sulpice	
5	Aux Huîtres	r. Montorgueil	
5	Saint-Joseph	r. Montmartre	
6	Saint-Laurent	r. du Château-d'Eau	r. de la Pompe.
12	Patriarches (des)	r. Mouffetard	r. des Patriarches.

PASSAGES.

ARROND^{ts}.	PASSAGES.	COMMENCENT.	FINISSENT.
10	Abbaye-St-Germain	r. Ste-Marguerite	r. du Four.
6	Ancre (de l')	r. St-Martin	r. Bourg-l'Abbé.
6	Angoulême (d')	r. Ménilmontant	r. d'Angoul.-du-T.
8	Ansel	r. St-Pierre-Popinc.	q. Valmy.
5	Aubert	r. St-Denis	r. Ste-Foy.
6	Basfour	boul. Sébastopol	r. St-Denis.
5	Bois de Boulogne	boul. St-Denis	r. du f. St-Denis.
8	Bonne-Graine	faub. St-Antoine	r. Charonne.
10	Boucherie (de la)	r. de l'Abbaye	carref. de l'Abbaye.
6	Bourg-l'Abbé	r. Bourg-l'Abbé	r. St-Denis.
5	Brady	f. St-Martin	f. St-Denis.
5	Caire (du)	pl. du Caire	r. St-Denis.
8	Chantier (du)	f. St-Antoine	r. de Charenton.
9	Charlemagne	r. Charlemagne	r. St-Antoine.
5	Chausson	r. du Château-d'Eau.	r. des Marais.
1	Cherbourg (de)	r. de la Pépinière	r. de Laborde.
6	Cheval-Rouge (du)	r. St-Martin	boul. de Sébastopol.
2	Choiseul	r. Neuve-des-P.-Ch.	r. Neuve-St-August.
1	Clary	r. Neuve-des-Math.	r. St-Nicolas.
4	Cloître-St-Honoré	r. des Bons-Enfants.	r. Croix-des-P.-Ch.
5	Colbert	r. Neuve-des-P.-Ch.	r. Vivienne.
11	Commerce-St-And.	r. St-André-des-Arts.	cour du Commerce.
6	Crussol	r. Ménilmontant	r. de Crussol.
8	Damoy	pl. de la Bastille	r. Daval.
10	Dauphine	r. Dauphine	r. Mazarine.
1	Delorme	r. de Rivoli	r. St-Honoré.
5	Désir (du)	boul. de Sébastopol.	r. du f. St-Denis.
2	Deux-Sœurs (des)	f. Montmartre	r. Lamartine.
11	Dulac	r. de Vaugirard	r. des Fourneaux.
1	Elysée (de l')	f. St-Honoré	r. de Courcelles.
5	Entrepôt-Marais	r. des Marais	r. de l'Entrepôt.
5	Etoile (de l')	r. du Petit-Carreau.	r. Thévenot.
5	Feuillet	r. des Ecluses	r. du Canal.
1	Gautrin	av. Montaigne	r. Marbeuf.
8	Genty	q. de la Râpée	r. de Bercy.
5	Grand-Cerf (du)	r. St-Denis	r. des D.-P.-St-Sauv
10	Grenelle	r. de Grenelle, 128.	
1	Havre (du)	r. Caumartin	r. St-Lazare.
5	Industrie (de l')	f. St-Martin	f. St-Denis.

ARROND^t.	PASSAGES	COMMENCENT.	FINISSENT.
6	Isly (d').	r. de l'Orillon	f. du Temple.
6	Jeu-de-Boule (du).	r. des Fossés-du-T.	r. de Malte.
5	Joinville	f. du Temple	r. Corbeau.
2	Jouffroy.	boul. Montmartre . .	r. Grange-Batelière.
6	Leclerc	r. de Malte	r. du Grand-Prieuré.
6	Lemoine.	b. Sébastopol (r. d.).	r. St-Denis.
8	Levert	r. Basfroid, 55 et 57.	r. de la Roquette.
8	Lilas (des)	p.r. St-Pier, 16 et 18.	q. Valmy.
2	Lycée (du)	r. des Bons-Enfants.	r. de Valois.
1	Madeleine (galerie).	pl. de la Madeleine.	r. de la Madeleine.
1	Madeleine (de la) . .	pl. de la Madeleine . .	r. de l'Arcade.
12	Marché-des-Patr . . .	r. des Patriarches . .	r. Mouffetard.
6	Marmite (de la) . . .	r. des Gravilliers . . .	r. des Vertus.
8	Maurice	r. des Amandiers . . .	r. St-Maur.
5	Mazagran	f. St-Denis	r. Mazagran.
8	Ménilmontant	r. Ménilmontant	ch. de r., bar. des A.
5	Messageries-Impér.	r. Montmartre	r. N.-D.-d.-Victoires.
6	Molière.	r. St-Martin.	r. Quincampoix.
4	Montesquieu	cloître St-Honoré . . .	r. Montesquieu.
8	Moulin	r. de Châlons	imp. Jean-Bouton.
5	Neveux.	boul. de Sébastopol.	f. St-Denis.
2	Opéra (de l')	boul. des Italiens . . .	r. Lepelletier.
2	Palais-Royal (gal.).	r. St-Honoré	r. Beaujolais.
2	Panoramas (des) . . .	r. St-Marc	b. Montmartre.
7	Pecquay	r. des Blancs-Mant.	r. Rambuteau.
5	Petites-Ecuries . . .	f. St-Denis	r. d'Eng. et des P.-E
5	Petits-Pères (des).	pl. des Petits-Pères.	r. de la Banque.
6	Piver	r. de l'Orillon	f. du Temple.
6	Ponceau (du)	boul. Sébastopol . . .	r. St-Denis.
10	Pont-Neuf (du)	r. Mazarine	r. de Seine.
8	Popincourt.	r. Neuve-Popincourt.	r. Popincourt.
12	Postes (des)	r. Mouffetard	r. des Postes.
1	Radzivill	r. Neuve-des-B.-Enf.	r. de Valois.
5	Renard	r. St-Denis	r. du Renard.
7	Réunion (de la) . . .	imp. des Anglais . . .	r. St-Martin.
2	Richer.	r. Geoffroy-Marie . . .	r. Richer.
11	Rohan.	cour du Commerce.	r. du Jardinet.
6	Rome (de)	r. des Gravilliers . . .	pas. de la Marmite.
7	St-Avoie	r. Rambuteau	rue du Temple.
10	St-Benoît	pl. St-Germ.-des-Pr.	r. St-Benoît.
8	St-Bernard	f. St-Antoine	r. de Charonne.
7	Ste-Croix-de-la-Br.	r. des Billettes	r. Ste-Cr.-de-la-Bret.
10	St-Dominique	r. St-Dominique	r. de Grenelle.
2	St-Guillaume	r. Richelieu	r. Font.-Molière.
10	Ste-Marie-St-Germ.	r. du Bac	r. de la Visitation.
8	Ste-Marie-Popinc . . .	cour Ste-Marie	r. de Charonne.
9	St-Paul	r. St-Paul	r. St-Antoine.
1	St-Philippe	f. S-Honoré	r. de Courcelles.
9	St-Pierre	r. St-Paul	r. St-Antoine.
5	St-Pierre-du-Temp.	f. du Temple	r. de l'Orillon.
8	St-Pierre-Popinc. . .	r. St-Pierre	q. Valmy.

ARROND^ts.	PASSAGES.	COMMENCENT.	FINISSENT.
2	St-Roch.............	r. St-Honoré.......	r. d'Argenteuil.
8	St-Sébastien........	r. St-Pierre........	q. Valmy.
1	Sandrié...........	r. Basse-du-Rempart	r. N.-des-Mathurins.
6	Saucède..........	r. Bourg-l'Abbé....	r. St-Denis.
2	Saulnier..........	r. Richer........	r. Bleue.
5	Saumon (du)......	r. Montorgueil.....	r. Montmartre.
8	Thierré..........	r. de la Roquette...	cour Ste-Marie.
1	Tivoli.............	r. St-Lazare........	r. de Londres.
8	Vaucanson........	r. de Charonne.....	r. de la Roquette.
6	Vendôme.........	r. Vendôme........	b. du Temple.
2	Verdeau..........	r. Grange-Batelière.	r. Montmartre.
4	Véro-Dodat.......	r. Gren.-St-Honoré.	r.Croix des Pet.-Ch.
1	Vezelay..........	r. de Hambourg....	r. de Lisbonne.
5	Violet............	r. Hauteville.......	r. Poissonnière.
5	Vivienne.........	r. Neuve-des-P.-Ch.	r. Vivienne.

PLACES.

ARROND^ts	PLACES.	COMMENCENT.	FINISSENT.
9	Arsenal (de l')....	r. de la Cerisaie...	r. de l'Orme.
8	Bastille (de la)....	r. St-Antoine......	r. Charenton.
9	Baudoyer.........	r. Port-St-Gervais	r. Bar.-St-Gervais.
2	Barrière Blanche..	r. Blanche........	bar. Blanche.
2	Boïeldieu.........	r. Favart.........	r. de Marivaux.
2	Bourse (de la)....	r. Vivienne........	r. N.-D.-Victoires.
2	Bréda............	r. Bréda.........	r. Neuve-Bréda.
10	Breteuil (de).....	r. Duroc..........	av. de Breteuil.
5	Caire (du)........	r. Bour.-Villeneuve.	r. du Caire.
12	Cambrai..........	r. St-Jean-de-Latran	r. St-Jacques.
1	Carrousel (du)....	Chât.-des-Tuileries.	pl. Napoléon.
4	Châtelelet (du)....	q. de Gèvres......	q. de la Mégisserie.
11	Collége-L.-l.-Grand	r. des Poirées.....	r. St-Jacques.
12	Collégiale (de la)..	r. Francs-Bourgeois	r. St-Marcel.
1	Concorde (de la)..	r. de Rivoli.......	q. des Tuileries.
11	Dauphine.........	r. du Harlay......	pl. du Pont-Neuf.
10	Dupleix..........	r. Dupleix........	ruelle Dupleix.
4	Ecole (de l')......	q. de l'Ecole......	r. de l'Arbre-Sec.
11	Ecole-de-Medecine.	r. Ecole-de-Médecine	r. Antoine-Dubois.
10	Invalides (esplana.)	q. d'Orsay........	r. de Grenelle.
12	Estrapade (de l')..	r. des Postes......	r. Vieille-Estrapade.
1	Europe (de l')....	r. de Berlin et Cons.	r. Madrid et Londres
10	Fontenoy.........	av. Lowendahl.....	av. de Saxe.
1	François 1er......	r. Bayard.........	r. Jean-Goujon.
7	Hôtel-de-Ville....	q. Pelletier.......	r. de Rivoli.
12	Italie (d')........	r. Mouffetard......	bar. d'Italie.
1	Laborde..........	r. Laborde........	r. Malesherbes.
5	Lafayette........	r. Lafayette.......	Eg. St-Vincent-d-P.
4	Louvre (du)......	q. du Louvre......	r. du Louvre.
1	Madeleine (de la).	b. de la Madeleine et Malesherbes..,	r.Chauveau-Lagarde et Sèze.
8	Marché-Beauvau..	r. d'Aligre........	r. Lenoir.

ARROND[t].	PLACES.	COMMENCENT.	FINISSENT.
7	Marc.-Bl.-Manteaux	r. Vieille-Temple..	r. Hosp[er]-St-Gervais.
8	Marc.-Ste-Catherine	r. d'Ormesson.....	r. Caron.
7	Marché-St-Jean....	r. de la Verrerie...	r. de Rivoli.
12	Maubert.........	r. de la Bûcherie..	r. des Noyers.
8	Mazas	r. de la Râpée....	boul. Contrescarpe.
4	Napoléon........	pl. du Carrousel...	au Louvre.
5	Nord (du).......	r. Lafayette et de Maubeuge.......	r. S[t] - Vincent - de - Paul et Dunkerque
11	Odéon (de l')......	r. de l'Odéon.,....	r. Mol. et Corneille.
10	Palais-Bourbon...	r. de l'Université..	r. de Bourgogne.
9	Palais-de-Justice..	r. de la Barillerie .	r. de Constantine.
1	Palais-Royal (du)..	r. de Rivoli........	r. St-Honoré.
12	Panthéon (du)....	r. Soufflot	grille du Panthéon.
9	Parvis.-N.-Dame..	r. d'Arcole	r. N[e].-N -Dame.
5	Petits-Pères (des).	r. de la Banque...	r. du Mail.
12	Petit-Pont (du)...	q. St-Michel......	r. du Petit-Pont.
11	Pont-Neuf (du).. .	q. de l'Horloge....	q. des Orfévres.
11	Pont-St-Michel ...	q. St-Michel.......	q. des Augustins.
1	Rivoli...........	r. de Rivoli.......	r. des Pyramides.
5	Roubaix	r. St-Quentin.....	r. de Dunkerque.
8	Royale...	r. Royale-St-Antoine	r. Ch.-des-Minimes
11	St-André-des-Arts.	r. St-André-d.-Arts.	r. Hautefeuille et S[er]
5	St-Eustache	r. Rambuteau... .	r. Traînée.
4	St-Germ.-l'Auxerr.	pl. du Louvre.....	r. Prêtres-St-Germ.
10	St-Germ.-d.-Prés.	r. Bonaparte, 59..	r. Bonaparte, 46.
11	St-Michel........	r. de la Harpe....,	r. d'Enfer.
6	St-Nicolas-d.-Ch..	r. Aumaire	église St-Nicolas.
4	Ste-Opportune.....	r. Courtalon.......	r. Ste-Opportune.
11	St-Sulpice........	r. Vieux-Colombier.	r. St-Sulpice.
10	St-Thomas-d'Aquin	r. Gribeauval.....	r. S[t]-Th[s]-d'Aquin.
12	St-Victor........	r. de Jussieu.....	r. St-Victor.
12	Scipion	r. Scipion........	r. du Fer-à-Moulin.
11	Sorbonne (de la)..	r. de la Sorbonne..	r. de Cluny.
6	Temple (rotonde).	r. Caffarelli.......	r. Dupetit-Thouars.
8	Thorigny........	r. du Parc-Royal..	r. de la Perle.
4	Trois-Maries (des).	q. de la Mégisserie.	r. de la Monnaie.
8	Trône (du)......	f. St-Antoine.......	av. du Trône.
5	Valenciennes (de).	r. Lafayette.......	r. du Nord.
12	Valhubert........	pont d'Austerlitz...	b. de l'Hôpital.
10	Vauban..........	av. de Tourville....	av. de Breteuil.
12	Veaux (aux)......	r. de Poissy.......	r. de Pontoise.
1	Vendôme	r. St-Honoré.......	r. N.-des-P.-Champs
2	Ventadour........	r. Méhul..........	r. Monsigny.
4	Victoires (des)....	r. de La Vrillière. .	r. l'agevin.
12	Vieille-Estrapade..	r. de la Vieil.-Estrap.	r. N.-Ste-Geneviève.
6	Vieux-Marché (du).	marché St-Martin...	r. Réaumur.
2	Vintimille........	r. de Calais........	r. de Bruxelles.

PONTS.

ARROND^{ts}.	PONTS.	COMMENCENT.	FINISSENT.
1	Alma (d')	q. de Billy	q. d'Orsay.
9	Archevêché (de l').	q. de l'Archevêché.	q. de la Tournelle.
9	Arcole (d')	q. Pelletier	q. Napoléon.
1	Arts (des)	q. du Louvre	q. Voltaire.
8	Austerlitz (d')	pl. Mazas	pl. Valhubert.
8	Bercy (de)	bar. de Bercy	b. de la Gare.
1	Carrousel (du)	q. du Louvre	q. Voltaire.
7	Change (au)	q. de Gévres	q. de l'Horloge.
9	Cité (de la)	q. Bourbon	q. de l'Archevêché.
1	Concorde (de la)	pl. de la Concorde.	q. d'Orsay.
9	Constantine (de)	q. de Béthune	q. St-Bernard.
9	Doubles (aux)	q. de l'Archevêché.	q. Montébello.
1	Iéna (d')	q. de Billy	Champs-de-Mars.
1	Invalides	q. de la Conférence.	q. d'Orsay.
9	Louis-Philippe	q. de la Grève	q. Napoléon.
9	Marie	q. des Ormes	q. Bourbon.
7	Notre-Dame	q. Pelletier	q. Napoléon.
9	Petit-Pont	r. du Marché-Neuf.	pl. du Petit-Pont.
4	Pont Neuf	q. de la Mégisserie.	q. Conti.
1	Royal	q. du Louvre	q. d'Orsay.
11	St-Michel	q. des Orfévres	q. St-Michel.
9	Tournelle (de la)	q. d'Orléans	q. de la Tournelle.

QUAIS.

ARROND^{ts}.	QUAIS.	COMMENCENT.	FINISSENT.
9	Anjou (d')	q. de Béthune	p. Marie.
9	Archevêché (de l')	p. de l'Archevêché.	p. aux Doubles.
12	Austerlitz (d')	barr. de la Gare	p. d'Austerlitz.
9	Béthune (de)	q. d'Anjou	p. de la Tournelle.
1	Billy (de)	q. de la Conférence.	barr. de Passy.
9	Bourbon (de)	p. Marie	p. de la Cité.
9	Célestins (des)	q. Henri IV	r. St-Paul.
1	Conférence (de la)	pl. de la Concorde.	q. de Billy.
10	Conti	r. Dauphine	q. Malaquais.
4	Ecole (de l')	pl. des 5 Maries.	pl. du Louvre.
9	Fleurs (aux)	p. Notre-Dame	p. au Change.
7	Gesvres (de)	p. Notre-Dame	pl. du Châtelet.
11	Grands-Augustins	pl. du P^t-St-Michel.	r. Dauphine.
9	Grève (de la)	r. Geoffr.-Lasnier.	pl. de l'Hôt.-de-Vil.
9	Henri IV	boul. Bourdon	r. du Petit-Musc.
11	Horloge (de l')	p. au Change	pl. du Pont-Neuf.
8	Jemmapes	pl. de la Bastille	barr. de Pantin.
7	Lepelletier	pl. de l'Hôtel-de-V.	r. St-Martin
4	Louvre (du)	q. de l'Ecole	guich. Fromenteau.
10	Malaquais	r. de Seine	r. des St-Pères.
9	Marché-Neuf (du)	r. de la Barillerie.	p. St-Michel.
4	Mégisserie (de la)	pl. du Châtelet	pl. des 5 Maries.

ARROND^s.	QUAIS.	COMMENCENT.	FINISSENT
12	Montébello...........	p de l'Archevêché.	Petit-Pont.
9	Napoléon..	p. de la Cité......	p Notre-Dame.
11	Orfévres (des).. ...	r. de la Barillerie..	pl. du Pont-Neuf.
9	Orléans (d').......	p. de la Tournelle.	q. Bourbon.
9	Ormes (des)......	r. de l'Etoile......	r. Geoff.-Lasnier.
10	Orsay (d')........	r. du Bac.........	barr. de la Cunette.
8	Râpée (de la).. ...	barr. de la Râpée..	pl. Mazas.
12	St-Bernard...... .	pl. Valhubert.....	q. de la Tournelle.
11	St-Michel	pl. du Petit-Pont..	pl. du P^t-St-Michel.
9	St-Paul...........	r. St-Paul........	r. de l'Etoile.
12	Tournelle (de la)..	r. des Fos.-St-Bern.	r. des Gr.-Degrés.
1	Tuileries (des)....	guich. Fromenteau.	pl. de la Concorde.
8	Valmy...........	pl. de la Bastille...	barr. de Pantin.
10	Voltaire..........	r. des Sts-Pères...	r. du Bac.

ILES.

ARROND^s.	ILES.	SITUATION.
9	Cité (de la).......	du Pont-Neuf au quai de l'Archevêché.
1	Cygnes (des).....	barrière de Passy.
9	St-Louis........	du pont Marie au pont de la Tournelle.

FIN.

PARIS — TYP. SIMON RAÇON ET Cie, RUE D'ERFURTH, 1.

JANVIER 1859.	FÉVRIER.	MARS.
Les jours croissent de 1 heure 5 minutes.	Les jours croissent de 1 heure 54 minutes.	Les jours croissent de 1 h. 51 m.

s	1	Circoncision.	m	1	s. Ignace.	m	1	s. Aubin.
D	2	s. Basile, év.	m	2	Purification.	m	2	s. Simplice.
l	3	ste Geneviève.	j	3	s. Blaise.	j	3	ste Cunégonde.
m	4	s. Rigobert.	v	4	s. Gilbert.	v	4	s. Casimir.
m	5	ste Amélie.	s	5	ste Agathe.	s	5	ste Colette.
j	6	ÉPIPHANIE.	D	6	s. Vaast.	D	6	Quinquagésime.
v	7	Noces.	l	7	s. Jean de M.	l	7	ste Gertrude.
s	8	s. Lucien, év.	m	8	ste Apolline.	m	8	Mardi-gras.
D	9	s. Pierre, év.	m	9	ste Scholastique	m	9	Cendres.
l	10	s. Paul, erm.	j	10	s. Severin.	j	10	s. Clotaire.
m	11	s. Théodore.	v	11	ste Eulalie.	v	11	s. Edèze.
m	12	s. Arcade. M.	s	12	s. Lézin.	s	12	s. Pol, év.
j	13	Bapt. de J. C.	D	13	s. Euloge.	D	13	Quadragésime.
v	14	s. Hilaire, év.	l	14	s. Faustin.	l	14	ste Euphrasie.
s	15	s. Maur, ab.	m	15	s. Zacharie.	m	15	s. Fulbert,
D	16	s. Guillaume.	m	16	ste Françoise.	m	16	Quatre-Temps.
l	17	s. Antoine. ab.	j	17	s. Siméon, év.	j	17	s. Cyriaque.
m	18	Ch. s. P. à R.	v	18	s. Gabin.	v	18	s. Alexandre.
m	19	s. Sulpice.	s	19	s. Gabriel.	s	19	s. Joseph.
j	20	s. Sébastien.	D	20	Septuagésime.	D	20	Reminiscere.
v	21	ste Agnès, v. m.	l	21	s. Ponce.	l	21	s. Joachim.
s	22	s. Vincent.	m	22	s. Hérault, v.	m	22	s. Victorien.
D	23	s. Ildefonse.	m	23	ste Isabelle.	m	23	s. Simon, m.
l	24	s. Babylas, év.	j	24	s. Mathias.	j	24	s. Epaphrod.
m	25	Conv. s. Paul.	v	25	s. Léandre.	v	25	Annonciation.
m	26	ste Paule.	s	26	ste Honorine.	s	26	s. Ludger, év.
j	27	s. Julien.	D	27	Sexagésime.	D	27	Oculi.
v	28	s. Charlemagne.	l	28	s. Blanchard.	l	28	s. Rupert, év.
s	29	s. Franç. de S.				m	29	s. Frisque.
D	30	ste Bathilde.				m	30	s. Rieul.
l	31	s. Eucher.				j	31	ste Balbine.

N. d'Or. 17. Ep. 15. Cyc. 20. Ind. R. XXVI. Let. D. B.

◉ N. L. le 4 à 5 h. 55 m. du matin.
☽ P. Q. le 12 à 7 h. 32 m. du matin.
☉ P. L. le 18 à 11 h. 58 m. du soir.
☾ D. Q. le 25 à 8 h. 54 m. du soir.

◉ N. L. le 3 à 1 h. 14 m. du matin.
☽ P. Q. le 10 à 7 h. 49 m. du soir.
☉ P. L. le 17 à 10 h. 51 m. du matin.
☾ D. Q. le 24 à 2 h. 51 m. du soir.

◉ N. L. le 4 à 7 h. 20 m. du soir.
☽ P. Q. le 12 à 4 h. 49 m. du matin.
☉ P. L. le 18 à 9 h. 55 m. du soir.
☾ D. Q. le 26 à 9 h. 57 m. du matin.

AVRIL.	MAI.	JUIN.
Les jours croissent de 1 heure 42 minutes.	Les jours croissent de 1 heure 21 minutes.	Les jours croissent de 14 minutes.
v 1 s. Hugues.	D 1 QUASIMODO	m 1 ste Olympe.
s 2 s. Jacques, S. P.	l 2 s. Athanase.	j 2 ASCENSION.
D 3 *Lætare.*	m 3 Inv. ste Croix.	v 3 s. Andry, r.
l 4 s. Richard.	m 4 ste Monique.	s 4 s. Lié.
m 5 s. Ambroise.	j 5 Conv. s. Aug.	D 5 Oct. ASCENSION.
m 6 s. Prudent.	v 6 s. Jean P. L.	l 6 s. Boniface.
j 7 s. Pancrace.	s 7 s. Stanislas.	m 7 s. Claude, év.
v 8 s. Hospice.	D 8 s. Désiré, év.	m 8 s. Médard.
s 9 ste Marie Eg.	l 9 Tr. s. Nicaise.	j 9 s. Prime.
D 10 PASSION.	m 10 s. Gordien.	v 10 s. Landri.
l 11 s. Jules.	m 11 s. Pacôme.	s 11 *Vigile Jeûne.*
m 12 s. Anicet, P.	j 12 s. Isidore.	D 12 PENTECOTE.
m 13 s. Marcelin.	v 13 s. Léger.	l 13 s. Rufin.
j 14 s. Tiburce.	s 14 s. Pamphile.	m 14 s. Modeste.
v 15 s. Paterne.	D 15 s. Pothin.	m 15 *Quatre-Temps.*
s 16 s. Fructueux.	l 16 s. Optat.	j 16 s. Fargeau.
D 17 RAMEAUX.	m 17 s. Pascal.	v 17 s. Avit.
l 18 s. Parfait, P.	m 18 s. Venance.	s 18 ste Marine.
m 19 s. Léon, P.	j 19 s. Yves.	D 19 TRINITÉ.
m 20 s. Anselme.	v 20 s. Bernardin.	l 20 s. Silvère.
j 21 s. Théotime.	s 21 s. Donatien.	m 21 s. Leufroi, ab.
v 22 *Vendredi saint.*	D 22 ste Pélagie.	m 22 s. Paulin.
s 23 s. Georges.	l 23 s. Gerv. s. Pr.	j 23 FÊTE-DIEU.
D 24 PAQUES.	m 24 ste Jeanne.	v 24 Nat. s. J.-Bapt.
l 25 s. Marc, abs.	m 25 s. Urbain.	s 25 s. Prosper.
m 26 s. Clet, P.	j 26 ste Opportune.	D 26 s. Babolein.
m 27 s. Polycarpe.	v 27 s. Hildevert.	l 27 s. Crescent.
j 28 s. Robert.	s 28 s. Quadrat.	m 28 s. Pierre s. Paul.
v 29 s. Vital.	D 29 s. Maximin.	m 29 Com. s. Paul.
s 30 s. Eutrope.	l 30 *Rogations.*	j 30 Oct. FÊTE-DIEU.
	m 31 ste Pétronille.	

AVRIL	MAI	JUIN
N. L. le 5 à 10 h. 27 m. du matin.	N. L. le 2 à 10 h. 14 m. du soir.	N. L. le 1 à 7 h. 19 m. du matin
P. Q. le 10 à 11 h. 30 m. du matin.	P. Q. le 9 à 5 h. 8 m. du soir.	P. Q. le 7 à 10 h. 56 m. du soir.
P. L. le 17 à 9 h. 45 m. du matin.	P. L. le 16 à 9 h. 16 m. du soir.	P. L. le 15 à 10 h. 27 m. du matin.
D. Q. le 25 à 4 h. 55 m. du matin.	D. Q. le 24 à 10 h. 59 m. du soir.	D. Q. le 23 à 2 h. 44 m. du soir.
		N. L. le 30 à 2 h. 50 m. du soir.

JUILLET.		AOUT.		SEPTEMBRE.	
Les jours diminuent de 59 minutes.		Les jours diminuent de 1 heure 58 min.		Les jours diminuent de 1 heure 47 min.	
v	1 ste Eléonore.	l	1 ste Sophie.	j	1 s. Leu, s. Gilles.
s	2 VISITATION N.-D.	m	2 s. Etienne, P.	v	2 s. Lazare.
D	3 s. Thierry.	m	3 Inv. s. Etienne.	s	3 s. Grégoire.
l	4 Tr. s. Martin.	j	4 s. Dominique.	D	4 ste Rosalie.
m	5 ste Zoé, m.	v	5 s. Yon.		5 s. Bertin, ab.
m	6 s. Tranquillin.	s	6 Transfig. J. C.	m	6 s. Onésiphore.
j	7 ste Aubierge.	D	7 s. Gaëtan.	m	7 s. Cloud, Pr.
v	8 s. Procope.	l	8 s. Justin, m.	j	8 NATIVITÉ N. D.
s	9 s Cyrille, év.	m	9 s. Amour.	v	9 s. Omer, év.
D	10 ste Félicité.	m	10 s. Laurent, év.	s	10 ste Pulchérie.
l	11 Tr. s. Benoît.	j	11 ste Suzanne.	D	11 s. Hyacinthe.
m	12 s. Gualbert.	v	12 ste Claire.	l	12 s. Raphaël.
m	13 s. Eugène.	s	13 s. Hippolyte.	m	13 s. Maurille.
j	14 s. Bonaventure.	D	14 Vigile-jeûne.	m	14 Exal. ste Croix.
v	15 s. Henri, emp.	l	15 ASSOMPTION.	j	15 s. Nicodème.
s	16 s. Eustate, év.	m	16 s. Roch.	v	16 s. Corneille.
D	17 s. Alexis.	m	17 s. Mammès.	s	17 s. Lambert.
l	18 s. Thomas d'Aq.	j	18 ste Hélène, imp.	D	18 s. Jean Chrysos.
m	19 s. Vincent de P.	v	19 s. Louis, év.	l	19 s. Janvier.
m	20 ste Marguerite.	s	20 s. Bernard, ab.	m	20 s. Eustache.
j	21 s. Victor, m.	D	21 s. Privat, év.	m	21 Quatre-Temps.
v	22 ste Madeleine.	l	22 s. Symphorien.	j	22 s. Maurice.
s	23 s. Apollinaire.	m	23 s. Sidoine.	v	23 ste Thècle, v.
D	24 Jours canicul.	m	24 s. Barthélemy.	s	24 s. Andoche.
l	25 s. Jacques le M.	j	25 s. Louis, roi.	D	25 s. Firmin.
m	26 Tr. s. Marcel.	v	26 Fin des j. canic.	l	26 ste Justine, v.
m	27 s. Pantaléon.	s	27 s. Césaire, év.	m	27 s. Côme, s. Da.
j	28 ste Anne.	D	28 s. Augustin.	m	28 s. Céran, év.
v	29 ste Marthe.	l	29 s. Médéric.	j	29 s. Michel, Arch.
s	30 s. Abdon.	m	30 s. Fiacre.	v	30 s. Jérôme.
D	31 s. Germain l'A.	m	31 s. Ovide.		

JUILLET	AOUT	SEPTEMBRE
☽ P. Q. le 7 à 6 h. 3 m. du matin.	☽ P. Q. le 5, à 5 h. 31 m. du soir.	☽ P. Q. le 4, à 4 h. 14 m. du matin.
☉ P. L. le 15, à 1 h. 2 m. du matin.	☉ P. L. le 13, à 4 h. 44 m. du soir.	☉ P. L. le 12, à 8 h. 41 m. du matin.
☾ D. Q. le 23, à 3 h. 35 m. du matin.	☾ D. Q. le 21 à 1 h. 55 m. du soir.	☾ D. Q. le 19, à 10 h. 23 m. du soir.
● N. L. le 29, à 9 h. 53 m. du soir.	● N. L. le 28, à 5 h. 25 m. du matin.	● N. L. le 26, à 2 h. 5 m. du soir.

OCTOBRE.

Les jours diminuent
de 1 heure 48 min.

s	1	s. Rémy, év.
D	2	ss. Anges Gard.
l	3	s. Cyprien.
m	4	s. Franç. d'Ass.
m	5	ste Aure, v.
j	6	s. Bruno.
v	7	s. Serge.
s	8	ste Brigitte.
D	9	s. Denis, év.
l	10	s. Géréon.
m	11	s. Gomer.
m	12	s. Vilfrid.
j	13	s. Gérand.
v	14	s. Calixte, pape.
s	15	ste Thérèse, v.
D	16	s. Gal, év.
l	17	s. Cerbonet.
m	18	s. Luc, évang.
m	19	s. Savinien.
j	20	s. Caprais.
v	21	ste Ursule.
s	22	s. Mellon, év.
D	23	s. Hilarion.
l	24	s. Magloire.
m	25	s. Crép., s. Cr.
m	26	s. Rustique.
j	27	s. Frumence.
v	28	s. Simon, s. J.
s	29	s. Faron, év.
D	30	s. Lucain.
l	31	*Vigile-jeûne.*

D. Q. le 3 à 8 h. 44 m. du soir.
P. L. le 12 à 0 h. 1 m. du matin.
D. Q. le 19 à 5 h. 52 m. du matin.
N. L. le 26 à 0 h. 42 m. du matin.

NOVEMBRE.

Les jours diminuent
de 1 heure 21 min.

m	1	TOUSSAINT.
m	2	Trépassés.
j	3	s. Marcel, év.
v	4	s. Charles B.
s	5	s. Zacharie.
D	6	s. Léonard.
l	7	s. Florent.
m	8	stes Reliques.
m	9	s. Mathurin.
j	10	s. Juste.
v	11	s. Martin, év.
s	12	s. Réné, év.
D	13	s. Brice, év.
l	14	s. Bertrand.
m	15	ste Eugénie.
m	16	s. Edme, Ar.
j	17	s. Agnan, év.
v	18	ste Aude, v.
s	19	ste Elisabeth.
D	20	s. Edmond, R.
l	21	Présent. N. D.
m	22	ste Cécile.
m	23	s. Clément.
j	24	s. Séverin. S.
v	25	ste Catherine.
s	26	ste Geneviève.
D	27	Avent.
l	28	s. Maxime.
m	29	s. Saturnin.
m	30	s. André.

P. Q. le 2 à 4 h. 28 m. du soir.
P. L. le 10 à 2 h. 14 m. du soir.
D. Q. le 17 à 1 h. 15 m. du soir.
N. L. le 24 à 1 h. 52 m. du soir.

DÉCEMBRE.

Les jours diminuent
de 10 minutes.

j	1	s. Eloi, év.
v	2	s. Franç.-Xav.
s	3	s. Eloque.
D	4	ste Barbe.
l	5	s. Sabas, ab.
m	6	s. Nicolas. év.
m	7	ste Fare, v.
j	8	Concep. N.-D.
v	9	ste Gorgonie.
s	10	ste Valère, v.
D	11	s. Daniel.
l	12	s. Valeri.
m	13	ste Luce, v., m.
m	14	*Quatre-Temps.*
j	15	s. Mesmin.
v	16	ste Adélaïde.
s	17	ste Olympe.
D	18	s. Gatien, év.
l	19	s. Timothée.
m	20	ste Philogone.
m	21	s. Thomas, ap.
j	22	s. Honorat.
v	23	ste Victoire.
s	24	*Vigile Jeûne.*
D	25	NOEL.
l	26	s. Etienne.
m	27	s. Jean, évang.
m	28	ss. Innocents.
j	29	s. Trophime.
v	30	s. Sabin.
s	31	s. Sylvestre.

P. Q. le 2 à 1 h. 59 m. du soir.
P. L. le 10 à 5 h. 22 m. du matin.
D. Q. le 18 à 9 h. 25 m. du soir.
N. L. le 24 à 5 h. 3 m. du matin.